Marie-Noëlle BRAMONTE

Demi-cousines

La prestation compensatoire en héritage

Vérone éditions

Découvrez nos éditions sur notre site www.editions-verone.com

Vérone éditions – 75 boulevard Haussmann – 75008 Paris

PROLOGUE

L'histoire dont je vais vous parler ne se trouve pas à la une des journaux, mais parfois dans les rubriques des faits de société ou des faits divers quand ça tourne mal.

Non, l'histoire que je vais raconter est celle de gens ordinaires, ceux que l'on croise tous les jours mais qui vivent des situations extraordinaires, ce qui ne veut pas dire formidables, mais plutôt des situations auxquelles ils ne pensaient jamais être confrontés ; ils se sont trouvés piégés par la justice et condamnés. Condamnés par la justice, ça paraît logique, s'ils ont commis un délit ou pire un crime ! Non, ceux dont il s'agit n'ont commis aucun délit et aucun crime mais ils ont été condamnés par la justice et parfois à perpétuité.

En 1998, quand nous défilions près du Ministère de la Justice où une délégation de notre association était reçue, les commerçants qui avaient baissé leurs rideaux devant l'arrivée de ces manifestants, les ont vite relevés, tellement ils étaient étonnés : ils ne comprenaient pas pourquoi des familles, dont certaines auraient sans doute franchi leur porte, défilaient avec leurs enfants qui portaient un écriteau « condamnés à perpétuité ».

Oui, ces manifestants étaient bien français et il était visible que la plupart défilaient pour la première fois de leur vie. C'était en novembre et nous descendions, puis remontions la rue de la Paix pour ne pas prendre froid, attendant transis, la réponse de la Ministre de la Justice.

Ce fut NON, on ne peut rien pour vous ! Vos condamnations ont force de la chose jugée ! Vous avez été condamnés et vos enfants hériteront de cette condamnation !

Nous étions quelques centaines dans la rue, pour beaucoup venus en car et montrer que ce n'était pas le problème de quelques-uns mais de nombreuses familles qui découvraient le piège dans lequel elles étaient tombées.

Il fallait se regrouper en association pour faire valoir nos droits, obtenir une audience auprès de la ministre, venir manifester à Paris avec les enfants placardés de cette condamnation…

Fin de non-recevoir !

Nous sommes tous rentrés chez nous, effondrés dans un premier temps, en colère dans un deuxième. C'est quand il n'y a plus rien à faire qu'il faut s'attaquer au problème. C'est ce que notre association a fait pendant plus de 20 ans après avoir reçu, à chaque demande, les mêmes fins de non-recevoir. Et à chaque fois, abattus mais non battus, nous avons relevé la tête, pour nous mais avant tout pour nos enfants et nous avons obtenu quelques avancées.

Nos enfants nous regardent. Ils sont notre avenir, notre devenir. On ne peut pas les laisser démarrer dans la vie avec une telle charge, une telle épée de Damoclès au-dessus de leur tête. Si en France, le divorce est un droit inscrit dans le CODE CIVIL, pourquoi le fait de divorcer entraînerait-il des familles entières dans des situations épouvantables suite à un jugement de divorce. Divorcer serait-il un délit, voire un crime pour condamner à vie des hommes divorcés entraînant avec eux leurs familles recomposées ?

Peut-être, mais cela est une autre histoire !

1998-2018 : 20 ans pour nous faire entendre, pour réclamer justice !

Notre persévérance a amené le gouvernement à réagir, mais pas comme nous le pensions. Le problème était tellement disproportionné avec cette loi de 1975, que la réponse fut de faire une nouvelle loi en 2000 pour éviter de nouvelles injustices. (Dixit la ministre).

Une fois de plus, nous restions sur le carreau, la loi n'étant pas rétroactive. Après quatre années de mobilisation, notre association a obtenu des amendements pour que les condamnés de 1975 puissent demander une révision. Quelques centaines de familles, dont la nôtre, ont pu faire valoir leurs droits mais pourtant rien n'est terminé pour des milliers d'autres. Nous devons continuer mais surtout informer.

On pourrait penser que ce sujet ne concerne que quelques-uns, vieux divorcés au bord du cercueil. Non, il s'agit surtout de leurs familles qui sans doute ne savent pas de quoi il retourne. Notre association avait pour vocation de tendre la main à ceux qui sont impactés par ce problème mais comment les contacter ?

Dans ce monde de l'information surabondante qui devient envahissante donc vite inaudible, comment être entendu ? Médias, internet, réseaux sociaux…

Nous avons fait un site et des pages Facebook pour toucher les plus jeunes, mais après la dissolution du CCN-ARPEC en 2021, faute de bénévoles, seule une page FB persiste.

J'ai proposé en 2018 un livre-témoignage avec une histoire romancée où personne ne se reconnaît mais où l'histoire de chacun se retrouve.

Au fil de nos combats, les journalistes ont toujours voulu illustrer leurs reportages par des témoignages des familles impactées. Et chaque fois, peu d'entre elles acceptaient d'être exposées, par pudeur, et aussi par crainte de mettre de l'huile sur le feu dans des situations personnelles déjà explosives. Or ce sont les exemples concrets qui sont les plus parlants.

La famille dont je vais vous raconter l'histoire n'existe pas mais est emblématique, étant le reflet de la réalité de milliers de familles : elles ont toutes connu le même parcours et les mêmes difficultés, et ceci à tous les niveaux de la société.

Ce qui motive ma décision d'écrire cette histoire commune, c'est que ceux qui ont été les plus pénalisés sont les plus modestes et les plus nombreux à rester sur le carreau.

Au-delà du sujet de fond, je souhaite mettre un coup de projecteur sur la responsabilité de nos élus qui font les lois. C'est aussi pour cela que notre histoire est emblématique. Quand une loi si bien faite aboutit au résultat complètement opposé de ce pour quoi elle a été faite, alors c'est très grave et notre histoire va l'illustrer.

Si cette loi avait eu un SAV, une évaluation après 5 ou 10 ans d'application, alors on se serait rendu compte des dérives et des catastrophes annoncées et on aurait évité des drames et des outrances.

1975 : loi du divorce par consentement mutuel. 2000 : nouvelle loi. Il aura fallu 25 ans et notre mobilisation pour faire connaître cette situation ubuesque ! Comme la réalité dépasse souvent la fiction, il fallait écrire une fiction pour faire comprendre cette réalité ! C'est l'histoire d'une famille…

CHAPITRE 1
CONDAMNÉ À VIE

Quand Hélène pénétra dans le bureau de son mari, elle fut surprise par l'obscurité qui y régnait et sursauta d'autant plus en entendant un froissement de papier.

— Mais qu'est-ce que tu fais dans le noir, Jean-Baptiste ?

Tout doucement pour ne pas s'éblouir, Jean-Baptiste tourna le bouton du variateur de sa lampe de bureau. Il était assis devant un bloc, son stylo au bout des doigts au-dessus de son chéquier.

— Je suis en train de faire le chèque pour « ta copine »

C'était toujours une façon de dédramatiser ce rituel qui évidemment ne faisait rire personne…

— Comme tous les mois, reprit-il, 685 euros jetés par la fenêtre ! 35 ans que je lui envoie ce chèque, je n'ose même plus faire l'addition ! Il va bien falloir que ça s'arrête un jour ?

Oui, mais comment ?

Car il le savait bien, il devra faire ce chèque à vie, pour toute la vie de son ex-épouse. Il avait accepté de verser une rente viagère à son ex-épouse, lors de leur divorce. Divorce à l'amiable avec un seul avocat pour faire des économies…

Des économies ? Pour qui ?

Voilà 35 ans qu'il paie une rente à son ex-épouse, par ailleurs remariée ! Et avec l'espérance de vie des femmes, il en a encore pour au moins 20 ans !

Où est-il écrit que parce que vous avez été mariés 10 ans, vous devez continuer à entretenir votre ex-épouse jusqu'à sa mort, et dans le cas présent pendant 60 ans ?

En 1980, ils avaient une trentaine d'années tous les deux, deux jeunes enfants et un mariage qui s'effilochait. Alors d'un commun accord ils avaient décidé de divorcer. Depuis cinq ans les lois de 1975 avaient assaini les conditions du divorce.

Alors qu'avant cette date, les divorcés, comme dans la chanson de Michel Delpech, devaient s'envoyer des injures, car seul le divorce pour faute existait, dès 1975, il suffisait de se mettre d'accord et de prendre un seul avocat, donc moins de frais pour établir leur convention de divorce. Convention ensuite entérinée par le juge s'il l'estimait valable.

Le divorce à l'amiable entrait dans les mœurs qui se libéraient en ce début des années 70. Et ils furent des milliers de couples en déshérence à profiter de cette opportunité. Cet afflux fut sans doute l'un des éléments qui fut déterminant dans la catastrophe annoncée, surtout pour ces divorcés à l'amiable. Un vrai paradoxe : un de plus, dans ce drame.

Car évidemment, ils divorçaient et, comme l'indique la loi, ils n'auraient plus de lien, le divorce mettant fin au devoir de secours entre les époux.

FAUX !!! Leur jugement de divorce dira le contraire et Jean-Baptiste ne s'en apercevra que très tard, à la majorité des enfants, quand les conditions de paiement des pensions alimentaires pour les enfants et de la prestation compensatoire pour madame apparaîtront vraiment séparément.

En 1980, Jean-Baptiste avait 32 ans, aucun patrimoine et démarrait sa carrière de cadre. Leur fille était née quelques mois seulement après leur mariage et sa femme Simone, pourtant diplômée comme lui, avait décidé de rester à la maison pour s'en occuper.

Cinq ans plus tard, alors que leur couple traversait une première crise, un garçon était venu compléter le cadre familial mais seulement le cadre, l'apparence, car les liens du couple se distendaient. De plus en plus investi dans un travail dévoreur de temps, Jean-Baptiste consolidait sa carrière pour apporter confort et sécurité à sa famille. Simone restait à la maison et s'occupait en faisant quelques remplacements de décoratrice d'intérieur.

Si Jean-Baptiste avait compris ce qu'il avait signé, il n'aurait évidemment jamais accepté un tel engagement ! Mais, à ce moment-là, il payait une somme globale pour son ex-épouse et ses enfants.

C'est 20 ans plus tard, au moment de l'évolution des pensions alimentaires pour ses enfants pour leurs études que le couperet tomba !

En fait, il était tombé dès le début, mais il était impossible de le savoir. Jean-Baptiste avait toujours cru payer une pension alimentaire à son ex-épouse, même si, au moment de la convention définitive, le mot avait changé : pension alimentaire devenait prestation compensatoire pour l'ex-épouse. Ce n'était qu'un changement de nom selon l'avocat unique que leur avait conseillé un ami. Rien de quoi s'inquiéter !

Avec le recul, on se dit, mais pourquoi n'ai-je pas insisté ? Bien sûr, si ce n'est pas le même mot, ce n'est pas la même chose, les mêmes conséquences et de façon aussi démesurée !

Le mariage, c'est de l'émotion et des flonflons ! Qui écoute le premier magistrat de la ville, le maire ou son représentant lire les articles de loi qui encadrent les conditions du mariage.

Le divorce, c'est de l'émotion mais surtout des sueurs froides ! Qui a envie d'aller dans un tribunal, être devant un juge et devoir justifier de sa vie privée devant lui ?

Pour la plupart des citoyennes et des citoyens, c'est la première fois, à l'occasion de leur divorce, qu'ils pénètrent dans un tel monument, construit d'ailleurs pour impressionner, et là, il faut le reconnaître, le but est atteint.

De plus, quand on n'a jamais eu affaire à la justice, on n'a pas d'avocat, on n'est pas un magnat de quoi que ce soit. Alors on regarde les pages jaunes, ou on fait appel à son cercle d'amis, souvent les premiers au courant de la demande de divorce.

Et on fait CONFIANCE ! Ce sont des professionnels !

Et plus vite on en aura fini, mieux ce sera !

Plus vite, mieux ! Quand 35 ans après, on se retrouve encore dans le piège, ces mots n'ont plus beaucoup de sens !

Alors, on se demande comment on en est arrivé là et on remonte tout le mécanisme.

À quel moment, tout est parti de travers ?

Jean-Baptiste avait étalé ses deux conventions : la provisoire où il était écrit pension alimentaire et celle où les mots avaient changé et étaient devenus prestation compensatoire.

En deux mots, le piège était refermé !

Pire encore : quand aucune date n'est inscrite à la fin de la phrase, c'est A VIE !

Jean-Baptiste était CONDAMNÉ À VIE !

Une rente à vie…

En effet, Jean-Baptiste continuait de payer pour son ex-épouse.

Alors qu'il ne versait plus de pensions alimentaires pour ses enfants ; Anne-Sophie avait abandonné les études et Renaud les avait terminées par un emploi de bon niveau, il devait continuer à verser une rente viagère à Simone : cette fameuse PRESTATION COMPENSATOIRE.

Simone avait travaillé, s'était remariée, mais cette loi de 1975 avait sournoisement permis de faire perdurer un mariage, alors que le divorce est censé rompre tous les liens. Non, il en restait un et pas des moindres : une RENTE À PAYER À VIE à son ex-épouse.

L'échéancier qui couvre toutes ces années donne le tournis : la loi de 1975 prévoyait une prestation compensatoire payable sous forme de capital pour une durée maximum de 8 ans. Ce CAPITAL était établi selon des critères très précis.

Évidemment en fonction de l'âge des mariés, de leur emploi, de leur nombre d'enfants. Une dizaine de critères (voir loi de 1975) en tout qui devait déterminer la différence de niveau de vie et estimer une compensation.

Mais fixer ce capital n'était pas obligatoire et il ne le fut que rarement, d'autant que la plupart des divorcés ne disposaient pas de sommes suffisantes. Ceux qui avaient fait un prêt s'en sont mieux sortis ! Donc, ceux qui avaient le moins de moyens ont payé souvent 10 fois plus et ce n'est pas fini.

Ceux qui furent les plus pénalisés ont divorcé par consentement mutuel avec un seul avocat !

Et double peine, ceux qui n'avaient pas de niveau de vie, vu leur salaire, durent payer davantage encore.

Les condamnés se voyaient donc infliger un jugement totalement disproportionné : la Cour de Cassation l'a même qualifié par la suite : l'avantage manifestement excessif !!!

Mais ce ne fut reconnu que des décennies plus tard et grâce au combat des associations de divorcés.

Disproportionné est le mot : Cette disproportion était telle que la seule réponse de la Justice fut de faire une nouvelle loi en 2000 pour éviter de nouvelles injustices !!!

Pour l'heure, les condamnés à vie essaient de survivre dans cette bigamie forcée et tremblent de ce qui se passera à leur décès !!!

La prestation compensatoire en héritage

Jean-Baptiste avait cherché des articles sur le sujet et chaque fois la situation semblait de plus en plus difficile. Des amendements à la loi de 2000, permirent en 2004, de pouvoir demander une révision. Il relut l'analyse faite par un juriste pour essayer d'envisager une procédure.

Au décès du débirentier, puisque c'est ainsi que s'appelle celui qui paie, alors que celle qui reçoit est la créancière, cette rente doit continuer à être versée par les héritiers en général, les enfants des différents mariages et la nouvelle épouse.

C'est devant le notaire que souvent les héritiers découvrent cette situation. Ils doivent, à ce moment-là, s'entendre pour, soit continuer à payer la prestation compensatoire mensuellement, soit fixer un capital en fonction de l'espérance de vie de la créancière.

Comment vont-ils s'entendre alors qu'au minimum, ils ne se connaissent pas, au mieux ils s'ignorent et au pire ils se détestent.

C'est le notaire qui « hérite » de cette évaluation, car il utilise ses grilles de calcul. Si le capital est leur choix, il amputera l'héritage et malheureusement, la nouvelle épouse sera souvent dans l'obligation de vendre leur habitation pour pouvoir payer sa part de capital.

Il n'avait pas été fixé au moment du divorce, il le sera au moment du décès et fera atteindre à la prestation compensatoire des sommes insensées.

Voilà encore un article qui va laisser Jean-Baptiste très tourmenté : sans parler de laisser une dette à ses héritiers, enfants et petits-enfants, il laissera une bombe à retardement.

Et cela il est bien décidé à tout faire pour l'éviter !

CHAPITRE 2
PREMIÈRE ALERTE !

Jean-Baptiste vient de s'asseoir dans le canapé ou plutôt de s'effondrer, le souffle court. Il ne vient pas de courir ni de monter les escaliers quatre à quatre. Au bruit sourd de cet affalement, Hélène est accourue de son bureau et le regarde d'un air interrogateur.

— Mais qu'est-ce qui t'arrive, tu es tombé ?

Devant le regard affolé de sa femme, Jean-Baptiste se redresse tant bien que mal :

— C'est rien, un peu essoufflé arrive-t-il à marmonner en essayant de sourire pour rassurer Hélène.

— Non, je ne crois pas ! Ça ne va pas ! rétorque Hélène très inquiète de voir le poing de son mari serré sur sa poitrine. J'appelle le SAMU !

Jean-Baptiste essaie de prendre de grandes respirations et se cale doucement dans les coussins du canapé qui lui permettent de remettre son dos le plus droit possible.

— Mais non, ça va déjà mieux ! Regarde je respire. Tout de suite les grands moyens ! Ne t'inquiète pas ma chérie. Je ne suis pas encore mort ! Chaque phrase a été dite bien distinctement entre deux respirations profondes. Il plisse les yeux mais ce n'est pas son large sourire charmeur qui chaque fois conclut les discussions un peu tendues.

Hélène n'est pas dupe mais se demande si l'alerte est vraiment passée.

— Ce n'est vraiment pas le moment de plaisanter ! Ce n'est pas rien ! Tu m'as fait peur.

Hélène d'ordinaire si calme, sent que son cœur, à elle aussi, saute de façon inconsidérée dans sa poitrine. Comme toujours, elle prend les choses en main.

— Je ne veux pas être désagréable mon chéri mais tu vieillis.

Et oui, passé 70 ans, il faut être lucide. Même si on se sent bien dans sa tête, le corps ne suit pas toujours. Et Hélène de poursuivre :

— Tu es sûr, ça va mieux. Je serai plus tranquille si tu vas au moins voir ton médecin. D'ailleurs, la dernière fois que tu es allé le voir, tu ne devais pas faire une analyse, revoir le cardiologue ?

— Non, mais si on les écoute, on irait tous les six mois ! D'ailleurs j'ai mon rendez-vous la semaine prochaine pour mon renouvellement d'ordonnance. Tu vois, je suis raisonnable. Et il lui fit un clin d'œil pour appuyer ce mot qui n'est pas vraiment dans son vocabulaire.

Pour Jean-Baptiste, la vie est faite pour la vivre à fond.

— Et puis il faut bien mourir de quelque chose lance-t-il pour détendre l'atmosphère.

Hélène qui est repartie à ses occupations, fait volte-face, le regarde avec autorité et répond d'un ton sans appel.

— Mais bien sûr, donc ce soir, pas d'apéro saucisson et chips… c'est brocoli et poireaux sauce soja !

— Cette fois, c'est toi qui veux m'achever, ma chérie !

Son magnifique sourire de nouveau accroché à ses lèvres, Jean-Baptiste s'est rapproché d'Hélène pour l'enlacer. C'est un de ces petits moments délicieux, où ils savent tous les deux qu'ils veilleront toujours l'un sur l'autre, complices comme au premier jour. Mais sous leurs paupières closes pour profiter de ce doux câlin, leur regard à tous deux s'est voilé d'une légère brume.

Chacun va ensuite repenser à ce moment car cette alerte aurait pu être plus grave. SAMU, hôpital, et les mots qui angoissent : crise cardiaque !

Justement, c'est une alerte, comme un voyant sur le tableau de bord qui s'allume. Il faut savoir pourquoi.

La semaine suivante, Jean-Baptiste ira voir son médecin et fera ses analyses. Mais, même si la pensée d'une issue fatale fut fulgurante, elle laissera des traces et imposera une réflexion profonde sur l'après. Que se passera-t-il si je disparais ?

Bien sûr, il sera raisonnable pour se maintenir en bonne santé, en vie parce qu'il adore sa vie, Hélène, ses enfants, sa famille, ses amis, les apéros, les moments de bonheur partagés. Comme tout un chacun, il aspire à une vie heureuse, entouré des siens.

Les siens, ce sont tous ceux qu'il aime et qui sont dans tous les instants de sa vie, le plus souvent possible.

Que laisse-t-on quand on disparaît ? Ce que l'on a fait de plus important, ce ne sont pas les activités qui ont rempli une vie professionnelle ou sociale, le plus important ce sont les êtres qui ont partagé ce chemin de vie : ceux que l'on a rencontrés, aimés et engendrés : les enfants, ses enfants.

— Non, ce n'est pas parce que mon cœur fait des siennes que je vais voir ma vie défiler d'un seul coup, pensa-t-il soudain.

Et pourtant, comme à chaque anniversaire ou plutôt chaque passage de décennie, les mêmes petites questions existentielles qui flottent reviennent traverser nos pensées, réfléchir sur notre vie et repartent le plus souvent avec la fumée sur le gâteau d'anniversaire. Peu de fumée parce que plus on avance en âge, moins on met de bougies : le gâteau n'y résisterait pas ! C'est symbolique et pourtant les années s'accumulent et on se rapproche évidemment plus de la fin.

Jean-Baptiste n'est pas vraiment quelqu'un à se prendre la tête dans ce tourbillon de questions qui occupent chacun de nous mais il est comme tout le monde, cela le préoccupe et sans doute encore plus, vu sa situation familiale.

Non, sa vie ne se déroule pas devant ses yeux ; il repense simplement à sa vie, à ses rencontres, aux événements qui ont provoqué ses choix et ses changements de trajectoire.

Il revoit son parcours, et maintenant s'il devait faire le bilan quel serait-il ?

Il est heureux. Il a épousé une femme qu'il aime, pour la vie. C'est la femme de sa vie ! Il ne peut en imaginer aucune autre et pourtant elle ne fut pas tout de suite dans sa vie.

Avant elle, il y eut une autre femme, d'autres enfants, une autre vie.

CHAPITRE 3
REFAIRE SA VIE OU LA CONTINUER ?

C'est vrai se dit Jean-Baptiste : j'ai refait ma vie !

Quelle expression bizarre et pourtant consacrée quand on se marie une seconde fois ou plus encore, chaque fois on refait sa vie !! Drôle de terme, car sa vie évidemment on ne la refait pas ; on la continue. On recommence une nouvelle vie de famille avec une autre femme et on a d'autres enfants, mais rien n'est pareil sinon on n'aurait pas divorcé.

En fait, la première fois, il avait surtout épousé la mère de l'enfant à venir. À cette époque on épousait, pour réparer « l'emballement » de deux jeunes amoureux, évidemment inconséquents ! Mais ils étaient tellement jeunes : 20 ans, l'âge où l'on ne sait pas encore vraiment ce que l'on veut. Se retrouver chargé de famille, il ne restait qu'un seul choix : foncer dans la vie active pour assurer le quotidien.

Alors cette petite fille, son premier enfant, il ne l'a pas vraiment vue grandir. Son épouse pouvait rester à la maison car très vite il avait gravi les échelons. Passionné par son travail d'ingénieur, il se rendit compte que ce mariage précipité n'avait pas les fondations nécessaires pour équilibrer sa vie. Il se rendait compte qu'il restait avec elle par devoir, devoir de mari, de père. Ce n'est pas suffisant pour continuer ensemble.

Les divergences se faisaient jour de plus en plus puis les disputes surtout de leurs choix professionnels : elle voulait rester dans son rôle de mère. Elle fut convaincante : il est vrai que c'était dans l'air du temps et il était fier de pouvoir faire vivre de plus en plus confortablement sa petite famille. Mais le lien se délitait quand même, jusqu'à cette annonce qui claqua comme le verrou d'un cadenas : « je suis enceinte »

Il se rappelait ce moment qui aurait dû être joyeux, heureux et plein d'espoir mais dont il gardait un souvenir tellement amer !

Comment était-ce possible ? Comment ? Évidemment ! Rapidement le mot frappa dans sa tête. Bien sûr, ce soir-là, un soir, ne faut-il qu'un soir ? Retour de soirée, un peu arrosée, on n'est pas bien ??? Si bien sûr !

Plus tard, il se dira qu'il aurait mieux fait de se casser une jambe même les deux !

Envisager ? Non même pas envisager ; ils sont une famille que tous les amis admirent : pourquoi toujours donner le change à son entourage ? Pour éviter les questions intrusives. Il y a toujours quelques amis en quête de ragots croustillants. C'est plus simple pour passer de bonnes soirées entre amis : on est ensemble pour passer un bon moment.

Que faire ? Depuis quelques mois, il avait commencé à envisager le divorce d'autant qu'en cette année 1975, le sujet occupait les conversations sur les nouveaux projets de loi sur la famille. Il s'y était intéressé, comme ça, parce que c'est important de suivre l'évolution des mœurs.

Il avait assisté, l'année précédente, au divorce, d'un de ses collègues : quelle mauvaise comédie ! On ne peut divorcer que pour faute ! Mais comment fait-on quand on voit simplement que son histoire se termine et que l'on veut se séparer le moins mal possible.

C'est déjà un moment difficile. Alors quand il n'y a pas faute, c'est-à-dire adultère ou violence, il faut l'inventer. On en reste à des lettres d'insultes et on cherche des témoins, des faux témoins évidemment pour corroborer des faits qui n'existent pas !

Maintenant la loi allait apaiser et clarifier tout cela : le divorce par consentement mutuel ouvrait cette possibilité pour tous ceux qui voulaient simplement mettre fin à leur mariage.

Au moment où le divorce devenait possible et aurait pu le libérer de ce mariage d'apparence, il se sentit piégé, piégé par qui, par sa femme, sans doute mais surtout piégé par lui.

Il se souviendra longtemps de ce moment face à lui-même pour trouver la solution. À qui se confier ? Il n'avait pas l'habitude de s'épancher mais de toute façon, en aurait-il parlé à son meilleur ami, il l'entendait d'ici, le voyait le regarder avec un air entendu. Il savait d'avance ce qu'il lui dirait et pas la peine de se renvoyer la vérité en pleine figure : il avait fait le « con », il fallait assumer maintenant ! Et il allait assumer, et longtemps !

Des mois, cela faisait des mois, cette soirée : alors ?

Alors, quand il entendit qu'elle annonçait à grand renfort de gloussements la bonne nouvelle à sa mère, Jean-Baptiste comprit que ce qu'il désirait lui était définitivement englouti.

— Oui maman, de trois mois. Non, c'est incroyable je ne suis pas trop malade comme pour Anne-Sophie. Oui, Jean-Baptiste est ravi !

Sur ces derniers mots la porte d'entrée claqua... De l'air !!!

Le parc tout proche ouvrit ses allées couvertes de feuilles, en ce matin d'automne. Il croisa sans doute des voisins qui le saluèrent. Il allait marcher pour avancer, avancer dans sa tête, remettre ses pensées en ordre pour digérer l'événement. Bloqué, il se sentait bloqué jusque dans sa respiration.

Comme les enfants autour de lui, il traversa les feuilles en raclant ses pieds pour étouffer ses pas. Revenir par ce simple geste à l'enfance, quand tout est simple et où on est simplement heureux de sauter dans les feuilles mortes.

Enfant, un autre enfant. Ce n'était plus lui l'enfant, il avait 27 ans, il était l'adulte, le père responsable de cet enfant. Devant ses yeux défilèrent toutes les images de ce nouveau bonheur familial des mois qui allaient s'en suivre : les félicitations des amis, tellement heureux pour vous, la naissance, les cadeaux, les guili guili : tous ces borborygmes qui font de chacun un attardé assumé devant le nouveau-né si mignon qui ressemble à son père, non à sa mère.

Jean-Baptiste s'était assis et regardait attendri les enfants qui faisaient des bouquets de feuilles pour les offrir à leurs mamans. En balançant doucement les landaus, elles levèrent les yeux et lui envoyèrent un sourire complice. Pourquoi ? Parce que ces cadeaux, si éphémères sont les plus beaux pour une maman, offerts avec tellement d'amour. Ou parce que, se dit-il, elles succombent à mon charme ! Il leur rendit naturellement leur sourire, fit un signe de la tête et s'éloigna.

— Mais où étais-tu passé ? Simone se leva doucement, passa la main sur son ventre qui tout d'un coup apparut plus rond et s'approcha de lui pour lui poser un baiser sur la joue.

Bien sûr, il ne la repoussa pas. La discussion qui s'ensuivit ne ressemblait pas à celle d'un couple qui se félicite, se ravit de son bonheur à venir ou fait des projets.

Quel projet? Comment Jean-Baptiste pourrait-il maintenant annoncer qu'il voulait divorcer, qu'il avait décidé de quitter sa femme. Alors qu'elle est enceinte !

— Mais vous vous rendez compte, il la quitte alors qu'ils vont avoir un bébé !

Ces mots résonnèrent et s'amplifièrent en un écho insupportable.

Impossible, il sera impossible d'affronter un tel cataclysme. La décision s'imposa donc d'elle-même. Il assumera. Il se comportera en bon père de famille, en bon père et c'est tout !

Il se replongea avec frénésie dans le travail, qui lui, le lui rendit bien : promotion de carrière et salaire qui va avec. Grâce à ce train de vie confortable, son épouse pourra rester à la maison. Était-ce mieux pour elle ? Elle le convainc que oui.

Combien de fois la discussion revint sur le tapis : en cette fin des années 70, de plus en plus de femmes « s'émancipaient », devenaient indépendantes. Le divorce par consentement mutuel avait permis des séparations plus apaisées. La plupart avaient des enfants et il fallait mettre en place une nouvelle organisation de vies familiales. Était-ce mieux pour les enfants ?

Toutes les familles sont confrontées à ces questions quand on divorce et qu'il y a des enfants. Il est clair que sans enfants, ce sont deux adultes qui reprennent chacun une route différente, quitte à ne jamais se revoir.

Mais, avoir des enfants ensemble, doit obliger à conserver un lien qui même réduit à un simple état d'esprit, se doit d'être positif pour que ces enfants puissent continuer à se construire. Le contraire aboutit inexorablement à l'éclatement des familles et celles qu'on appelle aujourd'hui les familles recomposées, se sont alors, sans jeu de mots, totalement décomposées.

Comment tenir une vie de famille de façade quand elle se détruit de l'intérieur. Préserver à tout prix les enfants, alors que tout se délite. Si le couple souffre et si les enfants que l'on veut protéger souffrent aussi, alors il faut prendre une décision. Le problème, c'est qu'il n'y a jamais de bon moment. En général, ce sont les événements qui décident ! Une rencontre, une opportunité professionnelle, un voyage.

Est-ce encore une famille quand chacun dans le couple mène sa vie de son côté ? Bien sûr, on rentre tous les soirs à la maison, enfin presque. Les enfants sont petits, ne s'aperçoivent de rien.

Anne-Sophie est rentrée au CP et Renaud fait ses premiers pas. Il les entrevoit la plupart du temps avec des journées qui se rallongent de plus en plus. Il a vraiment l'impression d'être le satellite de cette petite bulle familiale. Il lui permet de fonctionner dans le confort. Il était préparé par les études à affronter le monde du travail mais pas du tout celui de la vie de famille. Il a l'impression de régresser, lui qui avait toujours vu sa mère travailler. Deux enfants aussi à la maison, mais un salaire insuffisant pour faire bouillir la marmite, comme on disait autrefois. Alors on s'organisait.

— Alors, c'est toujours la belle vie pour Simone ? demandait sa mère sur un ton sarcastique.

Les rapports entre les deux femmes n'étaient pas au beau fixe, surtout quand le sujet de l'indépendance de la femme venait sur le tapis. C'était un peu le monde à l'envers.

Sa mère, qui avait dû travailler très jeune, supportait assez mal de voir sa belle-fille se complaire dans son rôle de mère au foyer. Non pas qu'elle soit jalouse de ne pas avoir été assez présente elle-même pour ses enfants, mais parce que cette expérience lui avait permis de savourer son indépendance.

Le mariage de ses parents était heureux et sa mère n'avait jamais eu l'occasion d'utiliser cette indépendance lors d'un divorce ou d'un veuvage, mais il lui donnait la fierté d'avoir pu faire face, avec toutes les difficultés possibles. Cette confiance en elle était puisée dans l'équilibre entre la vie de famille et la reconnaissance du monde professionnel. Elle ne comprenait pas qu'avec toutes les possibilités offertes par les ouvertures de la société, en cette fin des années 60, sa belle-fille reste cantonnée dans ce seul rôle.

Cette attitude sera fondamentale dans la suite de leur histoire.

Plusieurs fois, la conversation entre les deux femmes s'était terminée par des fins de non-recevoir. Simone avait la possibilité de rester à la maison pour s'occuper de ses enfants et elle comptait bien les en faire profiter et elle aussi !

Et la vie continua jusqu'à ce que le destin s'en mêle.

CHAPITRE 4
LE DESTIN S'EN MÊLE.

Jean-Baptiste faisait de plus en plus de déplacements à Lyon pour son travail. Si les séjours professionnels se rallongèrent, c'était aussi en raison d'une rencontre qui allait changer sa vie.

Ce fut lors d'une soirée avec de nouveaux clients dans un restaurant très coté qu'ils se virent pour la première fois.

Le cadre a sans doute ajouté au romantisme de leur rencontre. L'apéritif était servi sur la terrasse du restaurant surplombant le parc ; les bornes lumineuses venaient de redessiner les allées et il la vit arriver au bras d'un homme. Quel beau couple, se dit-il, mais il ne regardait que cette jolie blonde qui semblait étonnée d'être là. Elle s'accrochait au bras de son compagnon tout en virevoltant pour profiter de ce bon moment.

— Bonsoir, monsieur Durand. Je vous présente ma sœur. Mon épouse est en voyage et j'ai demandé à Hélène de m'accompagner.

Jean-Baptiste ne se rappelle même plus des deux minutes qui ont suivi.

Sans doute a-t-il dit les mots qui viennent automatiquement en réponse.

Un moment d'arrêt en raison de son grand sourire de soulagement. Ce n'est pas son mari ! Puis un rapide regard sur la main d'Hélène délicatement posée sur le bras de son frère. Pas d'alliance !

— Un verre de champagne ?

Le serveur rompit ce moment qui lui sembla suspendu en présentant le plateau et chacun prit un verre.

Ce soir-là, les clients sont passés au second plan, surtout quand Jean-Baptiste a proposé à Hélène d'aller jusqu'au kiosque en contrebas de la terrasse. Plusieurs convives étaient déjà là, confortablement installés sur les coussins. Le repas avait été copieux et bien arrosé ! De grands éclats de rire couvraient parfois la musique de jazz diffusée en continu.

Douce soirée dont ils revisiteront chaque moment avec délice au cours des belles années qui suivront.

Tout devient alors évident. Ils continueront la route ensemble. Dans l'euphorie de ce moment-là, tout devient possible, tout est possible. Ils en sont la preuve, ce ne sera pas facile mais ce sera d'autant plus fort.

Chaque difficulté sera affrontée à deux, chaque victoire sera fêtée à deux. Ce parcours, main dans la main, c'est aussi ça le bonheur. Les obstacles seront nombreux à franchir ! Le divorce, les enfants, le travail, la distance ; mais l'amour fait des miracles !

Rapidement, Simone comprend que Jean-Baptiste a rencontré quelqu'un !

Ce qui n'est pas pour lui déplaire, elle qui de son côté fréquente Alain, un artiste peintre, fantasque et amusant depuis plusieurs mois déjà.

Plus la peine de faire semblant. Cette situation éclatée va encore durer quelques mois, le temps de trouver les premières solutions, surtout professionnelles.

— Nous sommes un couple moderne, répond Simone en minaudant quand quelque curieuse l'interroge sur cette « nouvelle » vie, sans doute par jalousie de ne pouvoir faire de même. C'est dans l'air du temps, renchérit-elle !

Couple moderne, voilà surtout une idée qu'elle ne partage qu'avec elle-même !

Si pour elle, cette situation n'a que des avantages : elle est libre de ses mouvements tout en gardant le confort de sa petite vie bourgeoise, il n'en était pas de même pour Jean-Baptiste. Dans couple moderne, il y a couple et leur couple, s'il n'en fut jamais un, n'est plus qu'une apparence difficile à maintenir pour lui. Il vient de rencontrer celle qui partagera désormais sa vie : c'est tellement évident !

Tout lui paraît simple et pourtant rien ne l'est, mais quand on est amoureux, on trouve les solutions.

Refaire sa vie : cette expression s'impose de nouveau. Mais si on refait sa vie, c'est qu'il faut défaire l'ancienne : comment arriver à trouver l'équilibre entre une séparation avec l'épouse tout en gardant des liens forts avec ses enfants ?

Loin des yeux, loin du cœur dit-on !

Si on divorce, c'est que l'on ne s'entend plus, le mot est faible, notamment sur l'éducation des enfants. Le divorce ensuite va exacerber ce sentiment jusqu'à provoquer des séparations quasi définitives avec les enfants.

Bien sûr, il y a le jugement qui, sans l'accord des parents, fixe les modalités de partage pour les visites, les vacances. Mais faut-il encore que les parents, au mieux, les respectent, mais au pire, utilisent leurs enfants comme arguments en en faisant les « otages » de leur dissension.

Jean-Baptiste fera le maximum pour garder le lien avec ses enfants et pourtant Anne-Sophie ne « voudra » plus le voir et après l'effilochage de quelques rencontres, courriers et appels téléphoniques, il ne verra plus sa fille pendant des années.

Quant à Renaud, il sera le plus présent possible, notamment pour financer bien sûr et suivre ses brillantes études. Mais celles-ci le conduiront à l'étranger et les quelques appels téléphoniques resteront les seuls liens entre eux pendant des années.

Jean-Baptiste n'a pas voulu affoler Hélène, mais avec cette alerte, il s'est senti tellement mortel tout à coup ! On y pense, on sait que et puis un signal fort nous rappelle que la vie est éphémère, et pshitt, d'un coup !

Renaud l'a justement appelé la semaine dernière. Il sera sur Lyon et voudrait le voir. Voilà près d'un an déjà qu'il est revenu sur Paris. Il a beaucoup voyagé mais dit-il, quand on est dans de grosses boîtes, on a tendance à vous oublier lorsqu'il y a des opportunités à la maison-mère.

Il l'a saisie mais n'est pas vraiment sûr de son choix. Jean-Baptiste se sent flatté et heureux que son fils demande son avis, mais en a-t-il vraiment besoin. Même si c'est un prétexte, cet appel lui a fait chaud au cœur. Renaud lui a même parlé de sa famille. Sa femme a repris un travail d'infirmière en cabinet. Ils n'ont pas besoin de son salaire, mais elle a toujours, quel que soit le pays, trouvé un moyen pour exercer.

Quant à sa fille, Emma, elle est ravie de revenir dans son pays qu'elle a quitté toute petite et de découvrir enfin la France.

Mon fils, ma belle-fille, ma petite-fille, toute une famille qu'il ne connaît pas.

Ma petite fille, pour lui c'est Margot, la fille de Juliette. Que le temps file : voilà qu'il a deux petites-filles…

— Tu dormais ?

Hélène vient de revenir dans le salon. Son mari est allongé sur le canapé. Le soleil a disparu depuis longtemps en laissant la pièce dans la pénombre.

— Non, je me reposais. Oui, je vais mieux. D'ailleurs j'ai un coup de fil à passer, dit-il en s'étirant tel un grand chat !

Le prénom de Renaud s'affiche sur son téléphone portable... sonnerie...

— Allo ?

— Bonsoir Renaud, c'est papa !

CHAPITRE 5
UNE RENCONTRE DÉCISIVE

Depuis qu'elle est à la retraite, Hélène a repris le sport.

Bien sûr, elle avait toujours fait quelques tentatives, notamment pour aller dans une salle, mais chaque fois son emploi du temps surchargé contrariait ses bonnes résolutions et il paraissait évident qu'elle ne voulait pas payer pour un abonnement dont elle ne profiterait pas.

Ses amies la relançaient, mais si elles s'y retrouvaient, c'était surtout pour passer un bon moment entre copines.

— Viens avec nous faire un peu de sport, ça te ferait du bien de penser un peu à toi.

— Mais ma vie, c'est déjà du sport ! Leur répondait Hélène.

Aucune de ses amies proches n'était instit et elles avaient une image assez faussée de ce métier, même si elles le connaissaient à travers Hélène. Il est vrai que son dynamisme et sa capacité à s'occuper de sa famille, de ses élèves et en plus d'associations, pouvaient laisser penser que ce métier laissait du temps. Justement pas assez pour faire du sport !

C'est bien connu, les instits sont toujours en vacances et font peu d'heures !

Vaste sujet auquel elle avait une réponse toute faite. Elles les avaient connues alors qu'elle était secrétaire comme elles.

— Si c'est si relax, les filles et que vous voulez des vacances avec vos enfants, faites comme moi, passez le pas et devenez instits !

Cette fois son emploi du temps pourrait inclure une séance de sport ou deux toutes les semaines. Cathy, la prof de pilates était formidable et elle prit plaisir à suivre les cours régulièrement. Elle était en forme et tout le monde lui disait qu'elle ne « faisait pas son âge ». Mais justement, avant qu'il ne la rattrape, il fallait entretenir la « machine » et ce sport lui convenait tout à fait.

C'est à la fin d'un cours, qu'une participante proposa des produits de bien-être à l'Aloe Vera. Toujours curieuse, Hélène compléta sa remise en forme avec ces produits et Evelyne qui les proposait devint vite une amie. Elle découvrit les produits et le concept de vente qui furent deux opportunités qu'elle saisit. En quelques semaines, elle était distributrice et les formations de ce nouveau partenaire lui ouvrirent d'autres horizons qu'elle fit partager à son tour. Une activité bien agréable !

C'est lors d'une de ces réunions qu'elle rencontra Béatrice. Bien sûr, on parlait produits, distribution, réseau et recommandation, mais d'autres sujets arrivaient aussi dans la conversation.

De famille, en divorce, en jugement, Béatrice lui raconta la situation dans laquelle se trouvait sa famille en raison du paiement d'une prestation compensatoire à l'ex de son mari.

Ces mots résonnèrent aussitôt chez Hélène et elles échangèrent comprenant qu'elles étaient confrontées à la même situation et surtout à la difficulté d'en sortir.

Justement, pour espérer trouver une solution, Béatrice lui parla d'une association qui les aidait dans leur démarche de demande de révision.

D'ailleurs, elle fut étonnée qu'Hélène ne la connaisse pas puisque Marie-Noëlle, présidente de cette association, CCN-ARPEC participait aussi au même réseau d'Aloe Vera.

— Elle est instit comme toi, rappela Béatrice. Voilà beaucoup de points communs avec celui-ci en plus. Pas le plus agréable mais je pense que le courant passera bien. Tu devrais l'appeler. Nous aussi, on a beaucoup hésité avant de demander une révision mais le fait d'être dans une association avec tellement de familles qui gèrent la même chose, on se sent moins seul et ça encourage.

Béatrice plongea la main dans son sac et lui sortit une carte de cette association.

— Tu verras, ils ont aussi un site avec beaucoup d'infos. Du coup, on se reverra peut-être aussi à une réunion du CCN-ARPEC ?

Tout ceci se bouscula dans la tête d'Hélène et elle revint chez elle en se demandant si cette rencontre n'allait pas donner un petit coup d'accélérateur, peut-être décisif à leur réflexion. C'est ce qu'elle espérait depuis quelque temps et voilà que le destin lui donnait une clé pour débloquer le sujet.

— Alors, cette réunion, ma chérie ? Des nouveaux produits ? Ou une formation un peu difficile ?

Jean-Baptiste avait rajouté cette dernière option en voyant le regard soucieux d'Hélène.

Elle se dit qu'elle devait d'abord explorer cette nouvelle possibilité avant de lui en parler. Elle releva les sourcils et son merveilleux sourire éclaira son visage, presque trop d'ailleurs.

— Oui, super, un mélange des deux, une formation sur un nouveau produit, lui répondit-elle. Je t'en parlerai.

— Et évidemment, on l'essaiera !

— Bien sûr ! On l'essaiera.

Mais là, elle ne parlait pas seulement du nouveau produit.

CHAPITRE 6
L'ASSOCIATION, LA SOLUTION ?

Hélène tourne et retourne dans ses mains, la carte que lui a donnée Béatrice.

Avant la moindre démarche, autant explorer le site de cette association, le CCN-ARPEC.

Que désigne ce sigle ? Connaissent-ils vraiment ce problème et surtout ont-ils des solutions à proposer ? Avec quelques premières infos, elle pourra réenclencher la discussion sur le paiement de cette prestation compensatoire, sujet ô combien sensible.

Chaque mois, au moment de faire le chèque de la prestation compensatoire, d'écrire le nom et l'adresse de cette première ou ancienne épouse, c'est comme acter le fait que ce premier lien du mariage n'est pas rompu.

Cette prestation compensatoire a installé une « polygamie » de fait alors que le divorce fait cesser tout devoir envers l'ex-époux. De plus en a découlé une confusion, même dans les documents administratifs puisqu'elle est passée avec son installation dans la durée, d'indemnitaire à alimentaire !

Sur la déclaration d'impôts, les mots prestation compensatoire n'existent même pas !!!

Hélène parcourt le site du CCN-ARPEC et il est vrai que les textes de loi, les jurisprudences, les amendements obtenus montrent la connaissance et l'implication de l'association sur ce sujet. Étonnant de ne pas en avoir eu connaissance avant, mais il est vrai que Jean-Baptiste ne voulait plus de conflit et avait abandonné toute recherche en ce sens, enfin c'est ce qu'il avait dit !

Hélène relève ses mains du clavier, reprend la carte et fixe son regard sur le numéro de téléphone. Tiens, c'est sans doute son numéro personnel. Évidemment, encore du bénévolat à domicile ! Allez, j'appelle !

Entre instits, ça ne veut rien dire… Mais, on est toutes deux d'une génération qui préfère les rencontres et comme c'est possible puisque nous sommes dans la même région, autant prendre rendez-vous.

Hélène repense aussi à ce que lui a dit Juliette quand elle lui en a parlé. Elle est sa première confidente d'autant qu'elle est aussi concernée par le sujet qu'elles abordent ensemble et en ce moment, il revient de plus en plus souvent.

— Maman, cette situation ne peut plus durer, tu devrais appeler cette association. Elle ne s'occupe que de ce sujet : la prestation compensatoire de la loi de 1975.

Bien sûr, Juliette est inquiète car elle a bien compris que cette situation la concerne ainsi que son frère Olivier. Que se passerait-il si son père venait à décéder ? Faudrait-il continuer à payer cette prestation compensatoire à cette femme, à la première épouse de son père qui elle aussi est remariée, à une autre vie ?

Quelle est cette chaîne financière qui entrave la vie de deux familles qui s'ignorent mais qui risque d'avoir des conséquences dramatiques.

Il faut en avoir le cœur net ! S'il y a des solutions, autant les connaître pour pouvoir entamer une procédure si c'est possible et dans quelle proportion !

Rien n'est pire que le flou et l'inconnu ! Qu'attendre d'une famille que l'on ne connaît pas et qui a peut-être nourri rancœurs ou jalousie : tous les ingrédients pour perpétuer des situations difficiles !

Avant d'entamer quoi que ce soit, Hélène se dit qu'elle devrait quand même en parler à JB. Depuis quelque temps, le sujet ne revenait plus sur le tapis. Et pourtant il est toujours dans les têtes ou plutôt au-dessus de la tête, comme une épée de Damoclès.

Comment en sortir ? Voilà des années que Jean-Baptiste et Hélène se posent la question.

CHAPITRE 7
LOIN DES YEUX, LOIN DU CŒUR...

Quand s'ajoutent les secrets, les non-dits, les mensonges qui plus le temps passe deviennent impossibles à contrôler, comment garder un lien ?

Alors c'est le vide, la scission, la coupure de tous contacts : on ne se voit plus, on n'existe plus pour son père, pour ses enfants !

Revenir vers la justice ? Demander que les gardes soient respectées ? En appeler à la police ? Ce serait jeter de l'huile sur le feu, envenimer encore davantage la situation déjà terriblement difficile. Et pourtant elle ne fera qu'empirer car le silence est facilement utilisé comme arme destructrice pour tous. Vouloir protéger les enfants ou les utiliser comme moyens de chantage affectif. Chacun sait ce qu'il a fait et se reconnaîtra.

– 1988 : Anne-Sophie a 18 ans. Malgré toutes les tentatives, Jean-Baptiste n'arrive plus à avoir de contacts avec sa fille. Au fil des années, les « Elle ne veut pas te voir » devinrent « elle ne veut plus te voir » par la seule bouche de Simone.

Jean-Baptiste profite donc de cette majorité pour établir un contact direct avec elle. Les courriers resteront sans réponse et les appels seront interceptés par Simone qui le traitera de harceleur !

Il continuera à payer la pension car elle fait des études. Il ne voudrait pas que s'ajoute à son portrait caricaturé par Simone le reproche suprême : ne plus envoyer l'argent !!! L'argent, voilà le seul lien qui laissera un semblant de filiation : il se réduit à être le « banquier » ! Il banque et il banquera !!!

Anne-Sophie « cherchera sa voie » et il l'accompagnera dans cette errance. Elle changera plusieurs fois d'études avant de les abandonner, sans aucun diplôme, pour se marier trois ans plus tard.

Jean-Baptiste n'a jamais revu sa fille depuis si longtemps qu'il ne sait pas s'il la reconnaîtrait s'il la croisait. Il a su par Renaud qu'elle a eu trois enfants, des jumeaux puis une fille et qu'elle a divorcé en 2005…

Un pan de sa vie, de leur vie a disparu.

Heureusement, au hasard d'un déménagement en Savoie, Jean-Baptiste a pu renouer des liens avec Renaud. Suite à des études brillantes, il a pu partir aux États-Unis pour des études de commerce international.

Il est important de visiter le monde pour ce genre de profession, mais c'était aussi une fuite. Cela devenait tendu avec sa mère surtout depuis que son père ne passait plus par elle pour la suite de ses études. Elle se sentait « dépossédée », elle qui avait toujours été là, alors que…

Et voilà que sa sœur lui faisait aussi la morale ! Toutes les deux se liguaient pour lui ouvrir les yeux sur ce père qui les avait abandonnés !

Renaud, étouffé par cette ambiance de rancune permanente, s'est alors décidé à reprendre contact avec son père. Ce ne fut pas facile évidemment.

Il aimait toute sa famille maternelle, mais son père lui avait manqué et lui manquait d'autant plus au moment de se lancer dans la vie professionnelle mais aussi affective, au moment de fonder une famille…

Bien sûr, il avait eu un père de substitution : sa mère s'était remariée avec un architecte et menait la vie de bourgeoise affichée qu'elle avait toujours voulue. Gauthier était un homme « charmant » mais ce n'était pas son père !

Il avait besoin de son père, mais serait-il ce père dont il rêve ? La peur d'être déçu, renforcée sans cesse par les attaques de sa mère dès qu'il évoquait cette possibilité, l'avait bloqué tellement de fois.

Il passa le pas, le jour de ses 18 ans : il savait quelle direction professionnelle il voulait prendre, mais était-ce parce qu'il était comme son père doué pour les études ? Serait-il de bon conseil ? Ou tout simplement voudra-t-il l'aider ? Toutes ces questions devenaient trop oppressantes. Il lui fallait trouver les réponses.

D'autres obstacles s'ajoutaient : son père oui, mais quel fossé fallait-il franchir pour l'atteindre dans sa nouvelle famille ? Il arriverait comme un intrus, pire encore comme un ennemi !!

Renaud resta toujours sur la défensive et les contacts avec son père s'organisèrent le plus souvent en dehors de sa nouvelle famille. Après ses études, il ne fit qu'un court passage en France.

Sa rencontre avec Isabelle, l'infirmière qui sut si bien soigner son corps et son âme, fut une raison de plus de repartir à l'étranger. Elle adorait voyager et les premiers contacts avec sa belle-mère furent si tendus qu'ils décidèrent rapidement de mettre l'océan entre eux. Les mots de sa mère se perdirent dans les grondements des moteurs de leur avion qui les emmenèrent à Las Vegas ! Il l'imagina, furieuse de cette fuite, mais il savait à quoi il avait échappé.

En effet, Simone fulminait. Les bras croisés sur son peignoir en soie, elle traversa l'immense terrasse qui dominait le parc. Elle regarda avec dépit le vide qu'elle aurait si merveilleusement agencé pour le mariage de son fils : toutes ces tables magnifiquement dressées, fleuries avec délicatesse. Ce sublime buffet somptueusement décoré de ces plats si fins de chez son traiteur préféré !

— Se marier à Las Vegas, je suis sûre que c'est elle qui a eu cette idée stupide ! Renaud dit qu'elle n'aime pas les chichis !!! C'est sûr, elle n'a aucun savoir-vivre. Une infirmière, franchement il mérite mieux que ça ! Mariage express, divorce express ; ça ne va pas durer bien longtemps ! Il va vite s'en apercevoir !

— Tu me disais ? Gauthier ferma la porte-fenêtre et s'approcha de Simone.

— Rien, je parlais à…

Elle virevolta en rattrapant sa ceinture au vol et repartit précipitamment.

— Je dois téléphoner !

Elle repartit vers la maison. Il fallait qu'elle appelle sa fille, qui seule pouvait la comprendre !

En effet, elle n'aurait pas compris le choix des jeunes mariés, surtout qu'ils ne se sont mariés qu'après la naissance d'Emma !

Renaud avait pris le forfait « total mariage Las Vegas ». Ce fut un moment merveilleux ! Il aurait aimé avoir tous ceux qui comptent dans sa vie, comme tout le monde, sa famille, ses amis. Mais comment réunir ses deux parents : impossible !

Heureusement, les parents d'Isabelle avaient fait, comme ils disaient, le voyage de leur vie : venir aux États-Unis, mais il fallait bien s'occuper d'Emma qui était toute petite.

Le photographe immortalisa le moment unique de leur couple en haut du Grand Canyon où l'hélicoptère les avait déposés, puis Isabelle quand elle prit un malin plaisir à jouer dans le casino avec sa belle robe de mariée !

Photos étonnantes, mais aussi très fortes pour ce moment unique.

— On les enverra à ta mère, dit Isabelle en lançant un clin d'œil complice à Renaud.

Il les enverra aussi à son père. Une manière de garder un lien sur un événement important et le mariage en est un !!

CHAPITRE 8
PREMIÈRE RENCONTRE

Margot trépigne devant l'arrêt de bus : enfin elle va rencontrer sa correspondante Emma. Évidemment, tous les autres élèves aussi.

Agnès, la maîtresse, essaie de calmer leurs ardeurs.

— Je viens d'avoir Sylvie, leur maîtresse, ils sont dans les « bouchons » mais ne devraient pas tarder.

Les parents sont en arrière-garde, attendant dans leur voiture : certains s'impatientent, d'autres sont en train de se garer.

— Les voilà, les voilà !

On se croirait à l'arrivée du car des footballeurs vainqueurs de la coupe du monde !

Tout ce petit monde descend, récupère son sac ou sa valise dans la soute.

Agnès embrasse Sylvie :

— Alors pas trop long le voyage ?

— C'est sûr que c'est plus court en train 2 heures Paris-Lyon, et là il faut en plus compter les haltes, les pauses pipi et les bouchons !

Le brouhaha des rencontres pour de vrai entre correspondants s'amplifie.

Agnès et Sylvie, dans un même mouvement, se retournent vers leurs élèves :

— Bien dit Sylvie, pour mes élèves, toutes les consignes ont été répétées et revues une dernière fois dans le car ! Vous rejoignez la famille de votre correspondante et on se retrouve tous lundi matin à l'école d'Agnès pour démarrer le programme. Bon weekend !

— Pareil, répète Agnès, accueillez bien vos correspondants et on se retrouve lundi matin. Bon weekend à tous. Soyez sages !

Les premières voitures s'éloignent dans un grand ballet autour de la dépose rapide, elles se succèdent et en rien de temps, c'est un grand silence !

Non, il reste deux élèves : Margot et Emma assises sur la valise.

— Qui devait venir vous chercher ?

— Normalement mamie.

— Appelle-la sur ton portable, lui suggère Emma.

— En fait, je n'en ai pas. Pas avant la 6e ! Et toi tu en as un… la chance !

Emma exhibe le précieux sésame.

— Tu connais le numéro de ta mamie ?

— Évidemment !

Agnès consulte ses fiches d'élèves.

— C'est bizarre, s'il y a bien quelqu'un qui est toujours à l'heure, c'est bien Hélène.

— Tu la connais bien ?

— Oui, elle m'accompagne souvent sur les sorties. Elle est instit à la retraite, mais bon, toujours envie d'avoir un contact avec l'école.

— C'est super d'avoir quelqu'un du métier et pas un parent direct qui souvent n'a pas le temps. Et du coup, on est devenues amies, c'est très agréable quand on arrive dans une ville où on ne connaît personne.

— Enfin presque personne, sourit Sylvie ! Baptiste c'est pas personne ! Alors la vie de Paris ne te manque pas trop ?

— Si bien sûr, ma famille, mes amies ! en lui faisant un clin d'œil ! Mais l'amour est toujours plus fort !

Il commence à faire frais. Agnès se retourne vers Margot :

— Alors ?

— C'est papa qui vient nous chercher ! répond Margot.

À peine dit, la voiture débouche de l'angle de la rue.

— Bonsoir, rien de grave ? demande Agnès.

— Non, répond-il avec un air évasif. Il a l'air pressé. Excusez-nous encore pour le retard, merci encore, bonne soirée.

Cette fois, les deux amies montent à leur tour dans la Polo d'Agnès et la conversation reprend de plus belle. Deux amies qui ne se sont pas vues depuis longtemps ont beaucoup de choses à se dire mais en plus des instits…

CHAPITRE 9
CHANGEMENT DE PROGRAMME

Margot, trouvant que le trajet est bien long, jette un œil par la fenêtre.

— On ne va pas à la maison ? On dirait la route pour aller chez mamie Arlette !

Marc se retourne légèrement vers l'arrière et semble chercher ses mots.

— En fait, comment dire. Papi JB a eu un problème avec son cœur et il a fallu l'hospitaliser. Mamie Hélène et maman sont auprès de lui mais ne t'inquiète pas. Tout semble aller mieux.

— C'est arrivé quand ? s'inquiète Margot.

Elle se dit qu'un problème avec le cœur, c'est sans doute grave. Les mots « arrêt cardiaque » tapent dans sa tête et elle commence à trembler.

Emma, qui s'est recroquevillée dans le fond de son siège, lui prend doucement la main. Juste un petit geste d'amitié. Margot se tourne vers elle et la remercie d'un sourire. C'est bon de ne pas se sentir seule quand on apprend une mauvaise nouvelle.

— C'est plus simple que vous alliez ce soir dormir à Francheville, reprend son père. Comme ça ton amie fera connaissance avec tes grands-parents et on se retrouve tous à la maison demain.

— Tu penses que papi JB sera sorti ?

Aussitôt, Margot se dit que sa question est stupide. Accident cardiaque, bien sûr que c'est grave. Papi a déjà eu, comment on dit, « des alertes » mais il est toujours revenu avec son grand sourire : « quelques rustines et le vieux papi est de retour ! »

Et son rire succède à sa tirade pour redonner le sourire à tout le monde. Mais sa femme Hélène n'est pas dupe et son regard se fronce comme pour mettre en garde un petit garnement qui aurait fait une mauvaise farce.

Il fait nuit maintenant et la voiture s'arrête devant la maison de mamie Arlette et papi Georges.

Le portail automatique glisse doucement. Marc ouvre le coffre et donne la valise d'Emma à son père qui attendait dans le jardin.

— Des nouvelles de JB ? demande ce dernier.

— C'est sérieux cette fois je pense, répond Marc en vérifiant que les filles se sont éloignées. C'est vrai que ça tombe mal avec la petite correspondante qui est arrivée. Merci de les récupérer.

— C'est un peu la course, reprend Marc, heureusement Lucas est chez son copain Tom pour le weekend. Bon, j'y vais et je t'appelle pour voir comment on s'organise en fonction des événements.

Marc se redresse et élève la voix vers les filles :

— Je garde les cartables, les filles. À demain.

— C'est sûr, vous n'aurez pas besoin de vos cartables, renchérit mamie Arlette en riant. Elle enlace sa petite-fille et se retourne vers Emma.

— Et bonsoir mademoiselle.

— C'est Emma, mamie.

— Rentrez vite, je suis sûre que vous êtes affamées. Papi a déjà commencé l'apéro. Tu le connais, Margot, quelques tranches de saucisson !!!

— Et oui, il commençait à faire faim, reprend papi Georges !

— Va donc mettre la valise de la petite dans la chambre de Margot au lieu de ronchonner.

Emma et Margot emboîtent le pas du grand-père jusqu'à la chambre. Celle-ci est suffisamment grande pour avoir deux lits, deux armoires et deux petits bureaux. C'est vrai que c'est chargé mais mamie a du mal à se défaire des meubles de ses enfants et comme elle dit : ça peut toujours servir. D'ailleurs, les petits-enfants en sont ravis surtout quand ils invitent des copains et chez mamie Arlette tout le monde est bienvenu.

Pendant le repas, on se pose mille questions, surtout mamie, sans doute pour éviter de parler d'hôpital et de papi JB.

— Alors, tu viens de Paris ? Vos instits se connaissent ? Vous allez visiter quels quartiers, quels musées ? Vous avez déjà échangé ? Vous avez déjà fait des projets toutes les deux ?

Margot écoute amusée sa mamie se lancer dans son interrogatoire. Elle l'adore mais elle est parfois un peu « Miss Marple ». Maintenant, elle va nous parler de…

— Vois-tu, Emma, j'ai fait toute ma carrière aux Archives Municipales de LYON et c'est passionnant de connaître la vie de ceux qui ont vécu avant nous, de savoir d'où on vient. C'est important de faire son arbre généalogique, d'ailleurs Margot te montrera le sien.

— Vite, avant l'ouverture des archives familiales, il faut trouver l'échappatoire.

Margot profite alors du bruit fait par papi qui vient de tirer sa chaise, ce qui a interrompu mamie quelques minutes :

— Mamie, je crois qu'on va aller se coucher. Emma est fatiguée du trajet.

Celle-ci, l'oreille dressée, attentive aux paroles de mamie, se tasse tout à coup sur sa chaise, avec un regard complice à Margot.

— Bien sûr les filles, répond mamie avec un air amusé, vous m'avez l'air de bien vous entendre. Margot, tu as tes affaires…

— Oui mamie, je sais, bonne nuit, bisous mamie, bisous papi. Sa voix se perd dans les craquements de la montée d'escalier.

Emma lui emboîte le pas, et avant la première marche, se retourne vers les grands-parents de Margot.

— Merci beaucoup de m'accueillir chez vous. Bonne nuit.

— Elle est charmante cette petite, n'est-ce pas Georges ? Georges, remets tes appareils, je te parle.

Mais Georges est plongé dans sa revue de modélisme et n'entend que le bruit de l'avion qu'il est en train de construire.

CHAPITRE 10
AUX URGENCES

Quand Hélène arrive aux urgences, son fils Olivier est là avec un autre garçon, plus âgé. Ils se tiennent le bras pour se réconforter l'un l'autre.

En voyant sa mère, Olivier laisse son ami en lui disant :

— Voilà ma mère !

Hélène tombe dans les bras de son fils, le souffle coupé par sa course et par l'émotion. Il lui donne aussitôt le maximum d'informations pour la rassurer, mais il sait que la situation est délicate.

— Papa est en salle d'opération, il a eu une nouvelle crise. Heureusement que nous étions avec lui et vraiment pas loin de l'hôpital.

Tout en réconfortant sa mère, ils se sont rapprochés de l'autre jeune homme qui semble très gêné. Hélène réclame plus d'explications pour comprendre l'ampleur de la situation.

— Ton père avait dit qu'il déjeunait avec toi. Vous aviez quelque chose d'important à vous dire. Qu'est-ce qui s'est passé ?

Tout en parlant, Hélène sent le malaise du jeune homme qui la regarde intensément. Le voilà mêlé à un problème, elle n'ose pas penser à un drame familial.

Olivier se demande s'il est nécessaire de rajouter de l'émotion dans un tel moment ? Et pourtant il le faut bien.

— Maman, tu reconnais sans doute Renaud ? Nous étions tous les deux avec papa.

Hélène sent ses jambes céder. Elle ne va quand même pas s'évanouir ! Renaud, bien sûr, ce prénom lui est connu, c'est celui du fils aîné de son mari. Comment pourrait-elle le reconnaître ? Voilà des années qu'elle ne l'a pas vu. Peut-être quelques photos. Sans doute celle de son mariage. Oui, elle sait qui il est mais non, elle ne le reconnaît pas parce qu'elle l'a à peine connu. Elle lève les yeux vers lui et lui sourit simplement.

Renaud est toujours là, devant elle, planté comme un i. Que pense cette femme, déjà si ébranlée par cette situation difficile. Voilà qu'il vient en rajouter en déboulant dans sa vie. D'ailleurs, n'est-ce pas cette arrivée soudaine dans celle de son père qui a provoqué son infarctus ? Renaud voudrait tout à coup disparaître et ne pas avoir à se justifier.

C'est lui qui avait initié ce retour vers son père après tant d'années. Il ne pensait pas que ce serait pour provoquer un tel cataclysme.

— Bonjour Renaud, murmure Hélène qui a retrouvé sa voix douce et repris ses esprits. Bien sûr, il y a si longtemps. Nous nous sommes si peu vus pendant toutes ces années. Ne restez pas debout.

Hélène se retrouve entourée par les deux garçons. C'est vrai, il y a une ressemblance, pense-t-elle. Mais sans doute, a-t-elle besoin de se rassurer en remettant les cadres familiaux en place.

Le couloir est toujours vide, quelques médecins, infirmières le traversent d'un pas rapide. Personne ne semble s'intéresser à eux. Olivier en intercepte un au passage.

— Bonjour Docteur, mon père M. Durand a été admis en urgence. Pouvez-vous me donner des nouvelles ?

— Je vais voir et on va vous envoyer quelqu'un.

Et il disparaît derrière la porte dont chacun scrute les moindres frémissements.

Il faut attendre, et l'attente semble interminable. Tous les sentiments sont alors contradictoires. Si l'attente est longue, c'est bon signe, c'est qu'ils sont en train de l'opérer. Si tout est fini, ils peuvent venir nous prévenir ou attendre.

Hélène brise le silence pesant et repose la question initiale :

— Alors que s'est-il passé ? Comme les autres fois ?

Olivier se tourne vers Renaud pour démarrer l'explication par la raison de leur rencontre.

— Papa m'a téléphoné pour déjeuner ensemble. C'est vrai que ça nous arrive quelquefois de nous retrouver tous les deux, mais c'est surtout moi qui le sollicite.

Il envoie un clin d'œil à sa mère. C'est sûr, Jean-Baptiste est toujours de bon conseil : il l'appelle son « coach perso » et aussi son « sponsor préféré » ! Un papa toujours présent !

L'appel de son père l'a un peu surpris, mais c'est surtout le ton de sa voix, plus solennel. Qu'avait-il donc de si important à lui dire ?

— Papa m'a demandé si j'étais disponible vendredi midi pour déjeuner avec lui et Renaud qui passait par Lyon pour le travail. J'ai senti que ça lui tenait vraiment à cœur. Et il se trouve que j'étais disponible.

— On s'est retrouvés tous les trois vers midi dans son resto préféré. Je dois dire que ça faisait bizarre de rencontrer Renaud, mon demi-frère, que je ne connais pas.

— Renaud, jusque-là silencieux, intervient.

— Moi aussi, je n'étais pas très à l'aise. Je me demandais comment tu allais réagir.

Hélène les regarde l'un après l'autre, bredouillant comme des collégiens.

— En tous les cas, je vois que vous vous tutoyez. C'est un bon début. Mais, alors, à quel moment papa a-t-il fait ce malaise ?

— Papa… papa ! leurs deux voix se mélangent et les voilà de nouveau embarrassés. Mais embarrassés de se couper la parole ou de dire tous les deux, papa !

Quel moment étrange de partager tout à coup cette proximité, est-elle légitime ? Bien sûr que oui, mais tellement irréelle. Avoir un frère qui est en fait un étranger et pourtant vivre les mêmes moments, ressentir les mêmes inquiétudes. Mais peuvent-elles être vraiment les mêmes ?

— Cette inquiétude, est-elle sincère ou de circonstance ? Olivier est troublé et Renaud aussi.

— Alors, Olivier, je peux enfin savoir ce qui s'est passé, insiste Hélène en le sortant de ses pensées.

— Pas grand-chose de très compliqué : on s'est assis, on a commandé. J'ai vu que papa était un peu rouge, un peu stressé, mais j'ai mis ça sur le compte de cette situation un peu…

Olivier cherche le mot adéquat… anormale, exceptionnelle, difficile…

Et Renaud vient à son secours…

— Inattendue ! continue-t-il. Pour moi aussi, bien que je sois à l'origine de cette rencontre. Je savais que reprendre contact avec papa alors que j'avais laissé passer tellement de temps, c'était compliqué. Mais quand je l'ai appelé, il m'a semblé inquiet et tout de suite, il m'a dit qu'il serait ravi de me voir et même de réunir ses deux fils. Je ne sais pas mais j'ai senti comme une nécessité pour ne pas dire une… urgence. Mais quand il a pris son malaise, je me suis immédiatement dit…

Lui aussi ne peut pas finir sa phrase mais Hélène et Olivier l'ont terminée à sa place : il était temps avant de se revoir.

Les allées et venues continuent mais ce sont des infirmières, des brancardiers. Il faut demander des nouvelles !

Olivier se rapproche de la porte et essaie de voir à travers la petite vitre carrée en mettant ses mains de chaque côté de son visage.

Heureusement, au moment où il se recule la porte s'ouvre sur un médecin qui se dirige immédiatement vers Hélène.

— Madame Durand ?

Hélène s'est relevée tout doucement, de nouveau encadrée par Olivier et Renaud. Ils ont spontanément pris son bras, comme pour la soutenir en cas de mauvaise nouvelle.

— Votre mari a fait une alerte sérieuse. On lui a remis des stents et on le garde sous surveillance : il est en soins intensifs et vous pouvez aller le voir, mais vous seule, madame, vos fils ce sera pour plus tard.

— Mes fils, répète Hélène comme anesthésiée. Oui bien sûr.

Elle leur lance un regard qui n'est pas encore très rassuré. Être en soins intensifs, c'est à la fois sécurisant et inquiétant. Mais bon, il est vivant et elle peut aller le voir.

— On t'attend maman, lui dit Olivier, sachant qu'elle ne pourrait pas rester trop longtemps et que surtout elle aurait besoin d'une épaule solide pour repartir.

Hélène venait à peine de pousser la porte blanche menant aux soins intensifs que celle à l'autre bout du couloir s'ouvrit brusquement : Juliette arriva en courant.

— Maman ! Mais celle-ci avait déjà disparu dans le couloir.

Arrivée à la hauteur de son frère, tout en reprenant son souffle, le regard affolé, elle demanda :

— Papa, alors papa comment va-t-il ? Désolée, mais je n'ai pas eu le message de maman tout de suite. J'étais à l'autre bout du parc et j'avais oublié mon portable. Pour une fois… vraiment quelle galère.

En s'asseyant près d'Olivier, elle jeta un coup d'œil au jeune homme qui semblait écouter leur conversation et reprit tout bas :

— Je viens de voir maman passer la porte. Papa est sorti d'affaire ? Il est terrible, toujours à blaguer, à se moquer de faire des alertes et maintenant le voilà aux urgences…

Comme toujours, Juliette faisait les demandes et les réponses mais cette fois son débit était là pour masquer son inquiétude. Une fois de plus, elle toisa le voisin indiscret.

— On vient de voir le médecin, papa a de nouveaux stents mais ils le gardent sous surveillance en soins intensifs.

Devant le regard désapprobateur de sa sœur, Olivier se tourna vers Renaud pour faire les présentations.

— Nous étions tous les deux avec papa quand c'est arrivé.

Nous, papa… Juliette essaya de remettre les mots à leur place. Je n'étais pas là, papa, nous… Et avant que son cerveau ultra rapide ne trouve la réponse, Olivier reprit :

— Papa nous avait invités au resto avec Renaud, tu sais bien, Renaud, le fils aîné de papa !

Comme Hélène, Juliette remise de ses émotions et un peu rassurée sur la santé de son père scruta de nouveau le jeune homme et commença à retrouver dans sa mémoire ce qui pouvait lui rappeler ce garçon, le fils aîné de son père.

L'avait-elle déjà rencontré ? Vu sur des photos, entendu parler de lui : peut-être, oui et oui. Mais c'est très fugace. Les deux enfants du premier mariage de son père, il faut bien dire qu'elle ne les connaissait pas, ni elle, ni son frère. Le divorce puis la distance géographique avaient coupé définitivement les liens entre les deux familles, l'ancienne et la nouvelle.

Mais pas que, la première épouse de son père avait tout fait pour qu'il n'y ait plus de lien avec ses enfants.

Renaud la sortit des méandres de sa mémoire et lui tendit la main en se disant immédiatement qu'il aurait pu lui faire la bise. Il aurait été plus à l'aise avec une inconnue ! C'est vraiment une situation à laquelle on n'est pas préparé.

— Ravi de te rencontrer, bredouilla-t-il, même si c'est dans un moment un peu difficile.

Juliette lui tendit la main en se disant qu'il avait peut-être à voir avec cet accident cardiaque. Revoir son fils après tant d'années ! Trop d'émotions pour son père, lui qui ne doit pas en avoir. C'est bien ce qu'avait dit son médecin. Mais le moment n'était pas aux récriminations ni aux réjouissances d'ailleurs. Seulement au soulagement ! Papa était sorti d'affaires ou presque.

De nouveau, Olivier raconta à Juliette les circonstances de leur rencontre jusqu'au moment des urgences. La crise cardiaque avait eu lieu au moment du dessert et peut-être avaient-ils un peu trop profité de cet excellent repas. Mais surtout, Olivier avait vu que son père, d'ordinaire, blagueur et détendu, ne l'était pas du tout, comme s'il passait un examen de passage. Passage de quoi ? De bon père ? Il avait son diplôme haut la main pour Olivier. Qui pourrait rêver d'un père aussi formidable ? Qui ? Sans doute Renaud qui, dans la conversation, glissa qu'il lui avait beaucoup manqué !

Jean-Baptiste voulait-il rassembler ses deux fils qu'il n'avait pas pu élever de la même façon pour créer un lien, pour la suite ? Il comprenait que Renaud ressente ce sentiment d'abandon et il rappela les circonstances du divorce. Bien sûr, il ne voulait pas faire porter tous les torts à Simone, mais il tenait à remettre les choses au clair. Être un bon père, il l'a été et Olivier peut en attester mais il aurait aimé l'être aussi pour Renaud et ce fut difficile, voire impossible.

Juliette remet les deux garçons dans la réalité du moment.

— On peut le voir ?

— Je ne pense pas, répond Olivier, seule maman a été autorisée et encore quelques minutes.

À ce moment-là, ils la voient revenir vers eux. Le visage d'Hélène est tendu mais elle se redessine aussitôt un sourire avant de trouver quelques mots qui vont les rassurer ce qui l'apaise aussi.

— Papa a même esquissé un sourire. Il faut qu'il se repose.

Évidemment, ce qu'elle ne veut pas dire et que personne ne veut entendre, alors que tous les quatre en sont conscients, c'est qu'il reste sous surveillance car pas vraiment sorti d'affaire.

Juliette prend sa mère dans ses bras. Elles se serrent fort puis très vite reprennent le cours de leur vie. Le quotidien est le sauveur dans ces situations, toutes ces petites actions qui nous permettent de reprendre notre souffle tel le nageur qui calmement refait les mouvements de brasse pour garder la tête hors de l'eau.

— Dis-moi Juliette, Marc a pu aller chercher les filles à l'école ? Vraiment désolée, mais…

— Maman, mais bien sûr, t'inquiète, elles sont chez Arlette. Marc leur a dit le minimum. On ira les chercher demain.

Olivier et Renaud sont restés en retrait pour laisser les deux femmes se réconforter.

— Maman, dit Olivier, tout est chamboulé, dis-moi si tu veux que je vienne, que nous venions… dit-il tout en se retournant vers Renaud.

— Non, madame…

— Appelez-moi Hélène. Bien sûr que non. Au contraire, vous… je peux te dire tu ?

— Oui Hélène. Sa voix est presque inaudible mais il a fait un pas vers elle.

Pour effacer ce léger malaise, Juliette reprend les choses en main.

— Marc nous attend chez maman. Il a dû préparer quelque chose à grignoter. Vous nous rejoignez. On a tous besoin de se poser. À toute à l'heure.

Olivier a saisi son portable pour prévenir Marie, sa compagne.

— Ma chérie, JB reste en surveillance à l'hôpital, je vais chez maman… oui je t'expliquerai… à toute à l'heure.

CHAPITRE 11
DEMI-SŒUR, DEMI-FRÈRES

En entendant les voitures s'engouffrer dans l'allée devant la maison, Marc est sorti, un torchon à la main et l'interrogation dans le regard.

— Alors ?

— Ils gardent papa en observation et maman est restée près de lui. Nous allons nous relayer pour passer le weekend.

Juliette s'est rapprochée de son mari pour murmurer :

Papa était avec Olivier et son fils Renaud. On s'est tous retrouvés à l'hôpital et maman a insisté pour que nous venions à la maison avec lui. Tu as préparé quelque chose à manger ?

Les deux frères arrivent vers le perron, le même visage tendu et inquiet. Olivier pose la main sur l'épaule de son beau-frère et pénètre dans la maison tandis que Juliette fait les présentations.

— Marc, je te présente Renaud, le fils aîné de papa.

Peu de mots et quelques gestes de courtoisie établiront ce premier contact.

Une fois de plus, Renaud s'excuse de sa présence, mais Juliette prend les choses en main et en voyant que Marc a déjà mis quelques assiettes sur la table familiale, elle invite les trois hommes à prendre l'apéritif en attendant de voir ce qu'il y a dans la réserve. Le choix est vite fait :

— Spaghettis pour tout le monde ?

Elle se dit qu'entre trois taiseux, la conversation ne va pas vite démarrer alors, après avoir mis l'eau à bouillir, elle les rejoint avec des cacahuètes et autres chips.

— Et les filles, Marc, comment ça se passe chez tes parents? demande Juliette.

— Les filles? interroge Olivier!

— Oui, nous aurons deux filles à la maison ce weekend. Lucas est chez son copain Tom mais Margot reçoit sa petite correspondante pour quelques jours. Je sais que ce n'est pas le moment mais il y a toujours une solution et Marc les a emmenées chez ses parents. On leur a dit le minimum, attendons de voir comment cela tourne!

— J'ai appelé maman, répond Marc, pour donner quelques nouvelles, tout se passe bien. Les filles ont l'air de bien s'entendre et puis tu sais, avec maman elles vont bien s'occuper.

Juliette se tourne alors vers Renaud. Elle parle de ses enfants et lance la conversation sur la famille. Elle a quelques informations mais souhaite en savoir davantage. Tu as une fille aussi? D'autres enfants?

— Non, juste une fille unique qui a 10 ans, Emma.

— Comme Margot, c'est drôle, rétorque Juliette.

Pour alimenter la conversation, elle renchérit:

— Margot sera ravie de la rencontrer, elle qui n'est entourée que de garçons, entre son frère et ses trois cousins.

— Il y a aussi Lola, intervient Olivier.

Elle est la fille de sa compagne Marie et tient aussi sa place.

— C'est sûr, rétorque Juliette, mais elle n'a que 4 ans et Margot agit plutôt avec elle comme une grande sœur, même si elle n'est pas ravie quand elle dévaste sa maison de poupée. Lola est une vraie tornade, pas une copine de jeux.

Juliette continue sa petite « enquête » mais se rend vite compte que Renaud a du mal à se livrer. Pourtant, il fait un rapide résumé de sa vie, son mariage avec Isabelle, infirmière, son séjour professionnel aux US et son retour à Paris depuis quelques mois.

On aura le temps, pense-t-elle, de faire plus ample connaissance, maintenant que le lien est renoué.

L'atmosphère s'est un peu détendue ; quoi de mieux qu'un bon plat de pâtes !

Par bribes, Olivier raconte à Marc et sa sœur, le repas avec leur père, les retrouvailles avec Renaud. Et puis le malaise et l'hôpital.

Renaud s'assombrit au fur et à mesure du récit.

— J'espère que ce n'est pas…

Il n'a pas le temps de finir sa phrase que Juliette enchaîne :

— Bien sûr que non ! Papa n'est pas très sérieux sur sa santé et il a déjà eu quelques alertes. Évidemment, ce n'est la faute de personne mais il est vrai qu'il a ressenti de l'émotion. Il est fier et n'en parle jamais, mais je pense qu'il voudrait que sa famille, toute sa famille soit unie. Évidemment, nous n'abordons pas souvent le sujet parce qu'on sait bien que c'est difficile. Le temps et la distance n'arrangent rien !

Les trois garçons ont écouté la grande tirade de Juliette. Olivier et Marc se sont levés pour débarrasser la table et Juliette est venue s'asseoir naturellement près de Renaud. Ce n'est pas le moment de ressasser mais elle aimerait avoir son sentiment et son avis sur la situation. Ils ne se connaissent pas mais ont tout de même un lien de sang, cela doit pouvoir les rapprocher.

Renaud semble ressentir son attention et ce sentiment est nouveau pour lui. Cette sœur qu'il vient juste de rencontrer lui est tout à coup très proche.

Il a bien une sœur, mais avec elle, le courant n'est jamais bien passé.

Il se sent mieux, presque à l'aise dans cette ambiance familiale, simple et chaleureuse. Il se dit qu'il fait partie aussi de cette famille et ce sentiment nouveau lui fait du bien. Étranger et familier : deux situations antagonistes qui correspondent à ce qu'il ressent. C'est pour remercier de ce moment de confiance qu'il tourne son regard vers Juliette et lui sourit simplement.

Il sait que ce n'est pas suffisant mais il faudra prendre du temps et un autre moment pour s'épancher, ce qui n'est déjà pas dans son caractère. Mais il se dit que ce sera possible.

— Fromage ou fruits ?

Olivier de retour dans la salle à manger balance ses deux mains occupées par une coupe de fruits et un plateau de fromages.

— Pose les deux sur la table et va nous préparer un café s'il te plaît. On en aura besoin si on doit relayer maman à l'hôpital.

Transmission de pensée, le portable de Juliette s'éclaire sur le visage d'Hélène !

— C'est maman justement ! Allô !

Tous sont suspendus à l'attente du long monologue d'Hélène. Les sourcils froncés de Juliette se détendent peu à peu et même un léger sourire finit par éclairer son visage.

— - Bien maman, on t'attend. Oui, Renaud est encore avec nous. À tout de suite.

Un « alors » en chœur résonne et leur décroche un sourire complice.

— Alors, il est inutile que maman reste plus longtemps. Papa est bien surveillé pour cette nuit. J'irai avec elle demain matin.

Il est près de 22 heures trente. La journée a été longue et chargée d'émotions. Renaud se retourne vers Olivier.

— Je pense que tu vas rentrer, est-ce que tu peux me laisser à mon hôtel, il est dans le centre.

— Bien sûr, on y va et on se retrouve demain midi ici.

Olivier vient de prendre les devants et il attend aussitôt l'acquiescement de sa sœur.

— Bien sûr, on s'appelle demain matin et on se retrouve demain midi. Je vois ça avec maman et Arlette.

D'ordinaire, ce sont les dimanches midi qui sont les rendez-vous habituels pour toute la famille, parfois chez Hélène, parfois chez Arlette. Elles font le plat principal et les autres apportent le complément ! Ce n'est pas vraiment un rituel et il arrive que tout le monde ne soit pas présent mais ces dimanches à partager de bons petits plats et des moments de rire autour de jeux de cartes sont précieux pour tous se retrouver.

Là ce sera un peu différent. Le weekend est bouleversé mais tout le monde va s'adapter. On se retrouvera samedi midi et l'après-midi avec le reste de la famille.

Juliette envoie un clin d'œil à son frère pour qu'il convainque Renaud, qui une fois de plus, semble réticent.

— Les garçons ne seront pas là mais les filles nous mettront l'ambiance.

— À demain, complète Juliette.

Heureusement que la musique démarre en même temps que le moteur dans la voiture d'Olivier, car le silence aurait été pesant. Beaucoup de choses avaient été dites mais pas l'essentiel et chacun, sur la réserve, ne sait pas comment aborder le sujet.

Juliette saura, pense Olivier, attendons demain.

Il baissa quand même le son toujours tonitruant et contre toute attente, Renaud prit la parole.

— Tu te doutes que c'est compliqué pour moi et je pense pour vous aussi mais je ne me sens pas très à l'aise. Vous, je vous vois tellement unis. Vous êtes une belle famille et vous vous entendez bien mais de mon côté, ce n'est pas pareil.

Il se dit à ce moment-là qu'il n'était pas nécessaire de raconter sa vie et surtout le manque. Ce qu'il ressentait en fait, c'était de l'amertume, de la colère, de la jalousie et il ne voulait pas engager une conversation avec Olivier qui, pas plus que lui, n'était responsable de la situation.

Mais qui l'était ?

Retrouver son père, ce n'était pas seulement retrouver un homme, c'était aussi rencontrer ceux qui l'entouraient désormais. Avait-il une place dans ce nouveau cercle familial ? Ils avaient l'air si gentils tous, mais lui donneraient-ils un espace ? Et lui le voulait-il ?

Il avait réussi à construire sa vie personnelle et professionnelle. En revenant en France, il retrouvait ses racines, mais certaines n'étaient pas bonnes et les autres étaient coupées. Et puis, tout d'un coup, il se sentait coupable de la crise cardiaque de son père et c'était peut-être un signe qu'il ne fallait pas insister.

Et pourtant, dans tout ce bouleversement, il ressentait un vague plaisir à partager ce moment avec Olivier, son frère. Il le regarda passer les vitesses avec souplesse et savoura tout d'un coup ce moment, il n'était pas avec un copain, mais avec son frère. Ces mots, papa, mon frère, ma sœur, résonnèrent dans sa tête, et c'était très agréable.

— C'est ton hôtel ? Enfin, c'est le GPS qui le dit !

Olivier sortit Renaud de ses pensées.

— Oui, merci Olivier, j'espère que je ne t'ai pas trop détourné ?

— Non, t'inquiète, rétorqua Olivier en se garant.

Maladroitement, ils se tendirent la main, puis la joue. Des frères s'embrassent ont-ils dû se dire au même moment et ils faillirent se cogner le nez. Cette situation plutôt burlesque leur tira un sourire gêné puis un petit rire. Ils se tapèrent finalement dans les mains tels deux bons potes.

— Tu repars demain ou tu restes un peu plus ? demanda Olivier au moment où Renaud descendait de la voiture ? Parce que sinon, ce serait plus simple que tu viennes à la maison.

— J'ai mon train vers 18 heures On verra demain. Merci encore et bonne nuit.

— Je viens te chercher vers 11 h 00. OK ?

— OK, à demain !

CHAPITRE 12
UNE DEUXIÈME FAMILLE

Il est bien tard quand Renaud rejoint sa chambre d'hôtel. Il remarque soudain qu'il a oublié de rallumer son portable, éteint à l'hôpital.

Isabelle a laissé plusieurs messages et il se dit que malgré l'heure tardive, il a intérêt à appeler : c'est sûr, elle ne doit pas dormir et il va se faire…

Avant qu'elle n'ait pu dire un mot ou presque, Renaud se lance dans une explication, parlant de son père, d'urgence, et de famille.

Isabelle est autant surprise de son débit que de ce qu'il dit, d'ailleurs elle n'a pas tout saisi.

— Renaud, mais qu'est-ce qui t'arrive, je ne comprends rien. Tu es où ? Toujours à Lyon ?

Échappant à une remontée de bretelles, tout à fait justifiée, Renaud se confond en excuses et reprend son explication plus calmement.

— Tu vois mon idée que tu trouvais super a failli mal tourner ! J'ai vu mon père, on a mangé ensemble. Il y avait aussi Olivier, son fils. Tout s'est bien passé et…

Isabelle laisse passer un petit silence. Mais bien sûr, ce serait presque sa faute. Cependant il n'est pas l'heure de polémiquer. Elle est rassurée mais évidemment curieuse d'en savoir davantage. Il est presque minuit et ils ont besoin tous les deux de quelques heures de sommeil, chacun pour une bonne raison.

— On se rappelle demain matin, tu me donneras les détails je sens bien que tu n'en peux plus.

— Embrasse Emma, ma chérie. Bonne nuit.

— Renaud !!! Tu sais bien qu'Emma est en voyage scolaire et en plus à Lyon ! Tu es sûr que ça va ? C'est d'ailleurs en parlant de Lyon que tu as…

— Oui, bien sûr ! Tu as raison, j'ai la tête à l'envers. Je t'appelle demain matin avant d'aller dans ma… (il faillit dire deuxième famille) dans la famille de mon père. Bonne nuit ma chérie.

La nuit fut difficile. Il tourna et se retourna mille fois ou plus et quand le réveil sonna à 8 heures, il pensa n'avoir même pas dormi ! Olivier devait venir à 11 heures, il avait le temps de prendre une bonne douche, un petit-déjeuner copieux mais surtout il fallait rappeler Isabelle.

Cette nuit avait quand même dû être salutaire et son cerveau avait dû faire un boulot de fou, car tout semblait clair. Mais il allait s'en assurer en appelant Isabelle. Il se prit à penser à une rencontre avec sa « nouvelle » famille. Il présenterait Isabelle et sa fille et elles seraient accueillies à bras ouverts.

Isabelle, sa chérie, son amour, son pilier sur lequel il s'est amarré. Il a su, dès qu'il l'a vue qu'elle serait sa bouée de sauvetage ! Tiens pourquoi des images de marin. Était-il à la dérive ?

En fait oui !! C'est pourquoi il avait largué les amarres et était parti naviguer avec elle, même dans des contrées lointaines, car il savait qu'elle gardait toujours le cap.

Avant même de la présenter à sa mère, il savait que ce serait conflictuel. D'ailleurs tout était conflictuel avec sa mère : « pas assez bien mon fils ». Chaque fois qu'il avait une nouvelle copine, petite amie ou juste camarade, elle leur trouvait toujours tous les défauts de la terre. Simone le voyait au bras d'une belle bourgeoise, bien dotée, « mariage château et grand chapeau », tout ce qu'il détestait mais qu'adorait sa sœur qui d'ailleurs n'a pas déçu sa mère.

Isabelle, rencontrée à l'hôpital où elle lui avait refait des pansements suite à une mauvaise chute, ne cochait aucun critère maternel !!

Une petite infirmière !!! Mais mon fils, c'est du mauvais roman de gare !

La présentation fut expéditive et le poste proposé aux US fut un sauve-qui-peut ! Ils se marièrent à Las Vegas après la naissance d'Emma, ce qui ne fit qu'irriter davantage sa mère. « Et en plus ils ne font rien dans l'ordre des choses ! »

Après plusieurs années fructueuses, sa carrière commença à stagner et il était temps de revenir à la maison-mère en France.

Revenir au pays c'était aussi renouer avec l'ancienne vie, mais surtout revenir aux sources, retrouver les racines, mais lesquelles ?

Les parents d'Isabelle avaient décidé de s'installer au Portugal, pays de sa mère. Ils iraient y passer les prochaines vacances. Ce sera un sacré dépaysement et un autre monde en pensant à celui de sa famille.

Sa famille !!! Les quelques allers-retours, au cours de ces années américaines n'avaient fait que confirmer que décidément, il n'avait pas grand-chose de commun avec sa mère, sa sœur, cette famille !

La distance n'avait fait qu'accentuer cette différence jusqu'à ce rejet qui était devenu réciproque.

Heureusement, il avait une autre famille.

Il se souvenait d'un copain à l'école qui lui avait dit, pour lui remonter le moral qu'il avait de la chance quand même d'avoir des parents divorcés : il avait deux familles, donc deux fois des cadeaux à Noël et deux fois plus d'argent de poche ! Il fantasmait sur des futilités de gamins, mais non pour lui, ces doublons n'avaient jamais existé et il avait toujours ressenti un grand manque d'autant plus fort qu'il ne se sentait pas à sa place entre sa mère et sa sœur.

D'ailleurs, se prit-il à penser : on ne se voit plus car les « retrouvailles » ont été superficielles ; il n'en attendait rien, il ne fut pas déçu !

Quand Emma avait parlé de son voyage scolaire à Lyon, ce simple mot avait fait tilt. Lyon, la ville où son père vivait. Quel âge a-t-il maintenant ?

Et la discussion avait repris de plus belle avec Isabelle qui n'avait jamais compris pourquoi il était aussi réticent. Pour elle, il était évident que le conflit entre ses beaux-parents ne pouvait venir seulement de son beau-père, connaissant, même si peu sa chère belle-mère !

Elle avait tout de suite ressenti le manque de ce père et avait tant de fois lancé la conversation sur ce père absent mais qui avait toujours répondu présent pour ses études. Pourquoi, maintenant qu'il est adulte ne pas le revoir, renouer comme entre deux adultes.

— Bien sûr, argumentait Isabelle, il a refait sa vie, mais tout le ressentiment que tu as vient surtout de ce que ta mère t'a répété et répété pendant des années. À toi maintenant de te faire ton idée. N'aies pas peur, je suis là ! Et puis si c'est un sale con, ce sera ton idée, pas celle de quelqu'un d'autre !

En appelant Isabelle, il fallait maintenant répondre à cette question.

— Allo, ma chérie ? Oui j'ai bien dormi et toi ?

— Ça va, j'ai eu des nouvelles d'Emma. Elle est avec sa correspondante Margot et elles ont l'air de bien s'entendre. En fait elles étaient chez la grand-mère, ou chez une autre grand-mère. C'est un peu compliqué mais en tout cas, elle est ravie. Elle me rappellera ce soir. Et toi alors ?

Renaud lui raconta ce qui s'était passé et par le menu, car avec Isabelle, il faut tous les détails.

— Il me semble que ce sont des gens bien et très unis d'après ce que tu en dis. C'est tant mieux mais évidemment, j'espère que ton père va aller mieux. Tu sais, les cardiaques sont sans doute les malades les mieux suivis !

Isabelle avait dit « ton père » et c'était tellement nouveau pour Renaud. Quand on n'a pas dit papa pendant des années et même jamais, c'est une sensation bizarre. D'ailleurs comment l'avait-il appelé lors du repas ? En fait, il semble qu'il avait trouvé des astuces pour ne pas le dire. Déjà le tutoyer était une étape un peu étrange. L'heure tournait, il fallait laisser la chambre.

— Olivier vient me chercher à 11 heures et on va se retrouver avec le reste de la famille pour midi. On va se relayer pour aller à l'hôpital et je pense que je rentrerai plutôt demain matin.

— Juste une question qui fâche ! demanda Isabelle. Avez-vous parlé de ta mère et de cette fameuse prestation compensatoire ?

— Comment tu as deviné ???

Je me demandais pourquoi ton père avait eu tellement d'émotion pendant le repas. Avoir cette épée de Damoclès sur sa tête et celle de ses enfants ne doit pas le laisser très serein !

— Bien sûr, papa a abordé le sujet pendant le repas et Olivier semblait bien au courant. C'est vrai que c'est dingue qu'il continue à verser cet argent à ma mère.

— D'autant qu'elle n'en a pas besoin… dans son château !! C'est inouï cette histoire !

— Quand on pense que cette prestation compensatoire était faite pour rétablir le niveau de vie, je pense qu'en se remariant avec Gauthier elle l'a vite retrouvé, son niveau de vie !

Renaud continua sur les échanges pendant le repas :

— Il nous a dit qu'il voulait régler cette affaire et il craignait que cela me froisse. C'est surtout Olivier qui est monté dans les tours, et ce repas qui se voulait conciliant s'est terminé aux urgences !! Mon avis est que papa prend au sérieux ses problèmes de santé et veut régler cette affaire pour apaiser tout le monde.

Bien sûr, cette histoire de prestation compensatoire était vraiment ce qui avait définitivement coupé les liens et il fallait pouvoir en parler. Il se sentait prêt car il ne s'agissait plus de prendre parti pour l'un ou l'autre mais d'assainir une situation familiale qui n'avait plus lieu d'être, d'autant qu'il avait compris que les quatre enfants seraient impliqués en cas de décès de leur père.

CHAPITRE 12
C'EST PEUT-ÊTRE LE MOMENT !

— Voilà maman !

Juliette se leva précipitamment, abandonnant Marc qui venait de s'assoupir sur le canapé. Elle se mit dans l'entrée, statique, prête à tout entendre. Le pas léger de sa mère sur les marches lui redonna, elle ne sait pas pourquoi, espoir que tout allait bien ou mieux ! Mais il est vrai qu'Hélène avait toujours le pas alerte et dynamique.

À peine, le seuil franchi, le regard fatigué mais apaisé de sa mère remplaça tous les mots. Elles se prirent dans les bras et restèrent un moment serrées à s'en étouffer. L'orage était-il passé ? Elles s'accrochaient l'une à l'autre pour y croire.

Et puis le quotidien remit la machine en route.

— Tu veux manger quelque chose maman ?

— Non, ma chérie, j'ai grignoté à l'hôpital et surtout bu du café. Les garçons sont partis. Tout s'est bien passé ?

— Tout, oui, on a un peu discuté et Olivier a ramené Renaud. On se verra demain midi. T'inquiète, j'ai tout prévu avec Marc, on amènera ce qu'il faut pour midi. Arlette et Georges viendront avec les filles l'après-midi. Va vite te reposer.

Elle serra de nouveau sa mère dans ses bras pour lui laisser un peu de sa présence et enfila son trench que Marc lui tendait déjà. Il se rapprocha d'Hélène, lui prit la main et lui posa un baiser sur la joue.

— Appelez si besoin, Hélène. À demain.

Le dernier ronflement du moteur de leur voiture s'évanouit dans la nuit et la maison devint soudainement très silencieuse. Hélène fit le tour pour vérifier les volets, éteignit les lampes et se dirigea instinctivement vers le bureau.

Jean-Baptiste n'y était pas mais elle ressentait si fortement sa présence qu'elle se lova dans son fauteuil et resta là un moment. Reprendre ses esprits, faire le point et lâcher prise. Son corps se détendit et elle allongea les jambes sur le pouf, comme le faisait toujours JB.

Elle se vit, une fois de plus, le sermonner :

— Mais enlève-moi ce pouf du milieu ! En plus il est vraiment usé et ce tapis dessus, c'est vraiment tout pour se casser la figure.

Et Jean-Baptiste la regardait, les yeux plissés et implorant son indulgence !

— Tu sais bien que je ne le jetterai jamais, c'est un souvenir de mon père.

Hélène sourit malgré elle, oui ce pouf finalement était bien utile pour allonger les jambes. Elle se trouva convaincue mais bien sûr elle n'avouerait jamais !

Elle ferma les yeux pour savourer ce moment et s'endormit sans doute un moment.

Quelques minutes ou quelques heures plus tard, un rai de lumière la réveilla : le temps de l'absence est élastique, il faut juste l'occuper. Elle regarda sa montre. 6 heures ! Trop tôt pour appeler l'hôpital, il fallait se ressaisir. Douche, café et quelques biscottes plus tard, Hélène se retrouva dans le bureau de Jean-Baptiste.

La visite de Renaud avait bouleversé tout le monde, c'est le moins que l'on puisse dire. Mais de tout cela il fallait en tirer du positif, rebondir !

Voilà un trait de caractère qu'elle partage avec Jean-Baptiste et qui a sans doute facilité leur vie de couple pour traverser les moments difficiles. Ne pas s'apitoyer ou ressasser mais aller de l'avant et trouver des solutions. Hélène avait en plus ce côté spirituel, qualité plus féminine, de croire que rien n'arrive par hasard !

Puisque Renaud réapparaissait, elle allait « reprendre » le dossier, celui du premier mariage, du divorce, les rares photos témoignant de cette autre famille. Hélène avait tout classé, réflexe d'instit, par année comme un fil de vie qui peut reprendre à tout moment ! Et ce moment était peut-être arrivé, ce moment que JB attendait depuis si longtemps

CHAPITRE 13
DEMI-COUSINES

Hélène ouvrit la pochette 2007 et regarda les photos du mariage puis celle de leur petite fille Emma, née en 2008. C'est vrai se dit-elle, la même année que Margot. Jean-Baptiste a deux petites filles du même âge. Mais celle-ci, il ne la connaît pas.

2008, 2009… 2018 : elles ont 10 ans ! Les deux cousines : je suis sûre que Margot serait heureuse d'avoir une cousine, elle qui n'est entourée que de garçons entre son frère et ses trois cousins ! Que d'appels au secours quand ils décident de lui faire des « surprises » en déboulant tous les quatre dans sa chambre.

Mamie, s'il te plaît, dis-leur d'arrêter !!!! Crie-t-elle à son tour en se réfugiant dans ses bras ! Ce n'est jamais méchant et parfois elle se « venge » en déguisant et en maquillant son frère qui lui fait jurer de ne pas le dire aux trois « affreux », ce qu'évidemment, elle fait à la première occasion !

Chamailleries de frère et sœur, moments d'enfance joyeux qui passent si vite ! Déjà en regardant les photos des vacances en Ardèche, explosant pour la énième fois la piscine en plastique, ils se reconnaissent à peine : « c'est toi, non c'est toi… qui est celui qui a réduit la piscine en une énorme flaque d'eau qui servira ensuite de glissade ?

On ne le saura jamais et quelle importance puisque tout se finit toujours par des rires et un goûter pantagruélique ! Il ne faut pas leur en promettre, il faut leur en donner répète Martine qui ne sait pas faire de « petits goûters » en raison de son équipe de footballeurs.

Perdue dans ses pensées, Hélène a levé les yeux vers le mur de photos qui grandit avec les fêtes, anniversaires et tous ces bons moments passés en famille.

Au milieu de cette mosaïque, on aperçoit Jean-Baptiste en train de faire une grimace pour gagner le concours de toute cette joyeuse clique !

À quoi pense-t-il à cet instant ? se demande Hélène. Il savoure le moment, elle le sait, mais dans son regard, elle le connaît si bien, elle perçoit, de façon fugace, ce petit voile qui marque le manque, l'absence : c'est une blessure qui se ravive justement dans ces moments-là. Savoir que d'autres petits enfants vivent les mêmes moments mais sans lui.

Il n'en profite pas et il n'en profitera peut-être jamais ! Il y a si longtemps…

Ils font les mêmes fêtes, les mêmes anniversaires de leur côté : ils sont heureux et sans lui. Ils n'ont pas besoin de lui. Il ne fait pas partie de leur vie, il n'en a jamais fait partie, alors pourquoi vouloir tout chambouler ?

Et tous ces questionnements reviennent en cascade, toutes ces questions qui attaquent le cœur et entraînent plus de questions que de réponses. Imaginer, il l'a fait mille fois, les retrouvailles avec ses enfants, les rencontres avec ses petits-enfants. La vie est si courte, la vie passe si vite.

Mais est-ce que ce seront de bons moments ou au contraire, ce seront des rancœurs qui seront ravivées, des reproches qui construiront de nouveau un mur d'incompréhension ? Pourquoi s'imposer ce moment si attendu mais qui pourrait tourner au cauchemar. Pire à l'indifférence ! D'ailleurs est-ce que j'existe encore et dans quel état ?

Je suis le méchant, celui qui a abandonné sa famille. Chacun sa version et quand on n'est pas là pour donner la sienne, la partie est perdue !

Qui suis-je pour eux ? Un salaud qui ne s'intéresse pas à eux. Combien de courriers ne sont jamais arrivés jusqu'à eux, combien d'appels sont restés sans réponse. Malheureusement, il a compris que chaque situation sera utilisée pour lui donner automatiquement tort pour justifier ce jugement sans appel et pour enfoncer le clou !

Jean-Baptiste se « console » en pensant qu'ils sont heureux, même sans lui !

C'est ainsi ! Il préfère ne pas en parler ou alors sur le ton humoristique : mes petits-enfants à l'insu de mon plein gré » pour parodier un célèbre cycliste !

C'est tellement triste pour Jean-Baptiste mais aussi pour cette petite Emma qui ne sait pas qu'elle a un grand-père formidable !

Elle et trois autres petits-enfants, ceux de sa fille Anne-Sophie !

Dommage ! Le temps passe tellement vite ! Comme dit la chanson, il ne se rattrape guère.

CHAPITRE 14
L'ARBRE GÉNÉALOGIQUE SAMEDI MATIN

Mamie Arlette s'affaire dans la cuisine où une bonne odeur de chocolat promet un petit-déjeuner copieux.

— Bonjour les filles, alors bien dormi ?

— Bonjour mamie, oui bien dormi… mmm, tu nous as fait des gaufres ! Merci mamie.

Margot s'est redressée pour poser une bise sur la joue de sa grand-mère qui en ferme les yeux de contentement.

— Bien dormi, mais assez ? Parce que je vous ai entendues les filles. Il me semble que vous avez papoté assez tard.

— Je ne sais pas, on n'a pas regardé l'heure.

C'est sûr, elles ont beaucoup parlé hier soir, de l'école, de leurs copains, de leurs loisirs et évidemment de leurs familles.

Emma s'est mise à envier Margot en l'entendant parler de sa famille et surtout de ses grands-parents. Ils sont tous proches, d'abord parce qu'ils vivent dans des villes voisines mais aussi parce qu'ils s'entendent bien et se fréquentent souvent, très souvent.

Que ce doit être agréable d'avoir ses deux mamies qui sont aussi des amies.

Elle pense alors à ses deux grands-mères qui se connaissent à peine. L'éloignement géographique pourrait en être la cause, mais en fait, elles ne vivent pas sur « la même planète ».

— C'est ce que dit ma mère, précise Emma. Pour dire que si je vais chez la mère de mon père, rarement, je ne me sens pas vraiment chez moi !

Le comparatif des grands-mères a occupé toute leur conversation jusqu'à ce qu'elles tombent de sommeil. Emma s'étire une dernière fois avant de se glisser sous la couette :

— En tous les cas, ici, je me sens vraiment bien. Tes grands-parents sont tellement gentils. Bonne nuit.

Dans un dernier bâillement, Margot a terminé par une dernière question :

— Tu as fait ton arbre généalogique ?

Emma ne répond pas, elle dort déjà profondément !

La question de mamie Arlette trouva donc facilement la réponse.

— Et toi, Emma, bien dormi ? Ici, on dort bien, surtout dans la chambre de Margot qui donne sur le jardin. J'espère que tu fais comme chez toi !

Emma s'est rapprochée, un peu gênée, mais très vite la gentillesse enveloppante de mamie Arlette l'a mise à l'aise ; elle s'est assise en face de Margot en échangeant un clin d'œil complice. En effet, mamie Arlette est un grand cœur et on se sent vite comme chez soi !

Après avoir avalé une première bouchée de gaufre, noyée de confiture, Margot se tourne vers sa grand-mère avec un peu d'anxiété dans la voix.

— Des nouvelles de papi JB ?

— Oui, ton père a appelé tout à l'heure pour savoir aussi à quelle heure on vous ramenait. Mamie Hélène et ta mère sont reparties à l'hôpital. De toute façon, vous mangerez avec nous à midi. Hélène m'a dit qu'elle m'enverrait un message dans la matinée.

Arlette est déjà en plein épluchage de légumes en tout genre ! Emma se retourne vers le fauteuil vide de papi et lance un regard interrogateur à Margot qui a compris le message.

— Papi doit déjà être dans son antre, lui dit Margot. Tu verras, il fabrique des maquettes d'avion. On ira le voir tout à l'heure.

C'est drôle comme elles sont vite devenues complices et elles prennent, à chaque occasion, un joyeux plaisir à en vérifier l'efficacité.

Mamie Arlette en profite, une fois de plus, pour redire que :

— Et oui, Emma, on a, enfin on avait un immense garage, mais c'est devenu un aérodrome ! Et la voiture dort dehors !!!

Margot s'est rapprochée d'Emma pour lui chuchoter :

— Tu sais, elle fait semblant de « râler » mais elle est bien contente qu'il ait cette occupation. Chacun la sienne ! C'est surtout une raison de se chamailler pour la voiture qui s'abîme en restant sous la pluie ou en plein soleil.

À ce moment-là, papi fit une entrée fracassante !

— Georges, la porte !!! lui cria mamie. Heureusement que tu es plus délicat avec tes maquettes !

— Tu disais ?

Papi Georges esquissa un sourire, il sait très bien être un peu sourd quand ça l'arrange ! C'est un petit jeu avec ses petits-enfants mais évidemment Arlette n'est pas dupe.

— Bonjour les filles, alors bien déjeuner, prêtes pour un envol ?

— Mais laisse les finir tranquillement, rétorqua Arlette. Elles iront te voir tout à l'heure si elles n'ont rien d'autre à faire.

Ce petit passage de papi dans la cuisine était surtout un prétexte pour attraper une petite gaufre et le voilà aussitôt reparti.

De nouveau, Margot lance un petit regard complice à Emma. Il y a les maquettes de papi qui ont surtout du succès auprès de son frère et de ses cousins et puis il y a la passion de mamie, et là, Margot est sa collaboratrice préférée. « Un truc de filles »

De retour dans la chambre, Margot repose la question :

Tu as déjà fait ton arbre généalogique ? Je t'ai demandé hier soir mais tu n'as pas entendu.

Ah non, pourquoi ? répondit Emma. C'est vrai que pour s'y retrouver, on aurait pu faire un dessin, surtout quand les grands-parents sont divorcés et qu'on ne les connaît même pas !

— T'inquiète, tu es au bon endroit, lui dit Margot en levant la main au-dessus de son lit pour désigner son œuvre !

Emma se dit que vraiment elle n'avait pas regardé la chambre hier soir. Il est vrai que les murs sont couverts de posters, colorés et d'autres, genre parchemins.

Celui qui trône au-dessus du lit de Margot représente un magnifique arbre, un peu stylisé et sur chaque branche, sont accrochées de grosses feuilles garnies de visages, de noms et de chiffres.

— Tadaaaaa ! Voici mon arbre généalogique, s'exclame Margot avec un air triomphant !

— Il est magnifique ! C'est toi qui l'as fait ? Vraiment bravo !

— Tu es ici chez la reine des arbres généalogiques ! Papi, c'est les avions et mamie les arbres généalogiques !

Toutes les deux sont perchées sur le haut du lit et Margot détaille les différents membres de sa famille. Au-dessus de mamie Arlette, les feuilles sont vides. Margot pose les mains dessus puis se retourne et glisse doucement sur les coussins.

Emma, à son tour, la rejoint. Tout bas, Margot livre le secret de ce manque :

— Mamie Arlette ne connaît pas ses parents. C'est une enfant adoptée, née sous X. Elle n'a jamais retrouvé ses origines et c'est son grand malheur. Tu sais, elle continue toujours à chercher. Je l'admire beaucoup ma mamie, toujours joyeuse. Mais je sens bien que parfois elle est triste même si elle ne le montre jamais. C'est peut-être pour ça qu'elle a travaillé aux archives de la ville, c'était une façon de chercher aussi. Alors bien sûr, ici on fait des arbres généalogiques et je sens que ce matin, tu vas y avoir droit !

Et c'est dans un grand fou rire que toutes les deux, dans un même élan, ont attrapé leur coussin dans une bataille échevelée !

— Eh, là-haut, qu'est-ce qui se passe, les filles ?

Mamie s'est calée en bas de l'escalier. Elle a préparé de grandes feuilles de papier où sont dessinées quelques cases reliées entre elles sous forme d'arbre.

— On arrive mamie.

Et les voilà toutes deux dévalant les escaliers.

— Doucement, doucement !

Toutes essoufflées par cette cavalcade, elles se tiennent devant mamie Arlette et attendent la proposition qu'elle leur a promise. Margot et maintenant Emma savent ce qu'elle va dire mais elles veulent lui laisser le plaisir de le dire.

— Alors Emma, est-ce que tu veux faire ton arbre généalogique ?

En feignant la surprise puis en regardant Margot, Emma, telle une apprentie comédienne qui a bien répété son rôle, se retourne avec un grand sourire vers mamie Arlette.

— Ce sera avec plaisir. J'ai vu celui de Margot il est vraiment super beau !

— Oui celui-là, on l'a plusieurs fois remis sur l'ouvrage. Elle adore ça. Disons que vu le temps que nous avons le tien sera plus simple mais j'ai déjà préparé une trame. Une fois posés tous les éléments de ta famille tu pourras l'embellir comme celui de Margot.

Un « cuicui » interrompit mamie qui saisit son téléphone et parcourut rapidement le message.

— C'est mamie Hélène. Les nouvelles sont bonnes mais papi JB reste encore en observation ce weekend. On se retrouve tous pour le goûter. Je lui réponds. Allez les filles, installez-vous j'arrive. Margot je te laisse commencer…

ARBRE GÉNÉALOGIQUE DE MARGOT

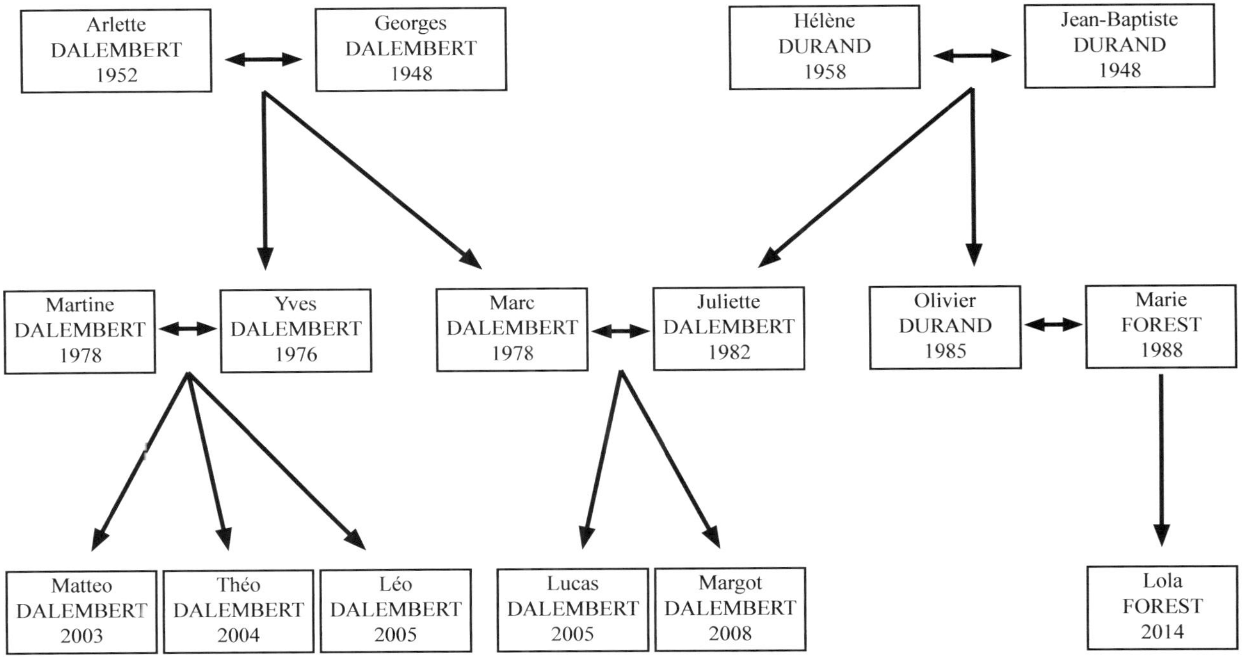

ARBRE GÉNÉALOGIQUE D'EMMA

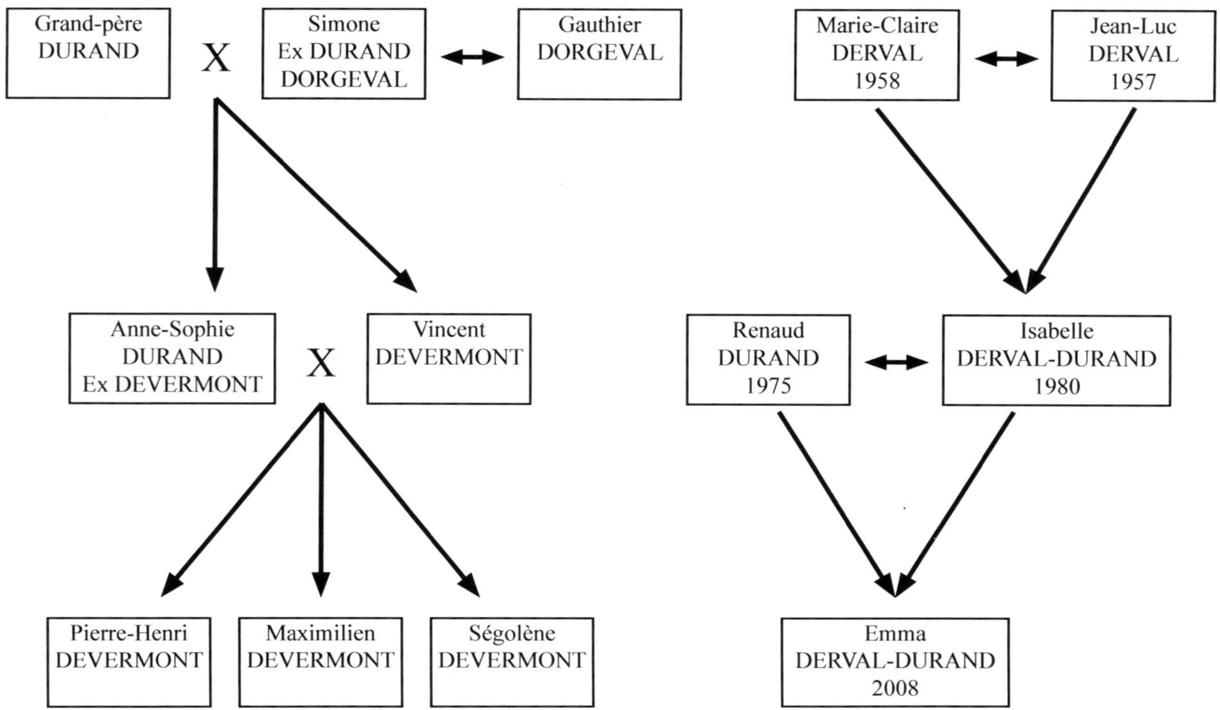

CHAPITRE 15
QU'EST-CE QUE TU FAIS LÀ ?

Lorsqu'Olivier arrive à l'hôtel de Renaud, celui-ci est déjà devant l'entrée, le téléphone collé à l'oreille. Un bref geste de la main et le voilà qu'il saisit son sac de voyage et rejoint la voiture.

Au moment d'ouvrir la portière, il aperçoit une jeune femme tout sourire qui l'invite à prendre la place devant.

— Bonjour Renaud, je te présente, Marie, ma compagne.

— Enchanté ! Mais vous ne voulez pas…

— Non, je vous en prie.

Pas le temps de faire des politesses, un impatient klaxonne déjà.

— Alors Renaud, bien dormi ?

— Oui, quelques heures. J'ai appelé Isabelle assez tard et il est vrai que j'ai eu du mal à trouver le sommeil. Je viens de la rappeler pour lui dire que je ne rentrerai peut-être pas aujourd'hui. Des nouvelles de ton… de papa ?

— Oui, j'ai eu maman rapidement, elle part à l'hôpital avec Juliette. On va retrouver Marc chez Hélène et on verra comment on s'organise pour aller à l'hôpital.

Que dire de plus ? On espère que… Seul le ronronnement du moteur meuble le silence.

Marie qui s'est calée à l'arrière, se redresse et intervient :

— Olivier vous… On peut se tutoyer ?

— Bien sûr !

Renaud s'est retourné et sans vouloir la dévisager, regarde avec plaisir le visage souriant de cette jolie brune. Encore une nouvelle personne agréable dans cette famille. Décidément, que d'atouts charme !

— Nous avons laissé notre petite fille Lola, chez ma maman. Elle n'a que 4 ans et mieux ne vaut pas l'avoir dans les jambes, vu les circonstances.

Au moment de franchir le portail, Olivier aperçoit dans son rétroviseur, la voiture de sa sœur qui le suit et se gare derrière lui.

— On aurait voulu se donner rendez-vous ! lui lance-t-elle en descendant de voiture.

Son sourire laisse augurer de bonnes nouvelles.

Hélène, à son tour, les rejoint et tout le monde s'embrasse.

— JB a passé une bonne nuit dit Hélène. On l'aurait écouté, il revenait avec nous. Il reprend des forces. Il nous a demandé de lui apporter du dessert.

Olivier rétorque regardant Renaud avec un sourire complice :

— On ira tous les deux cet après-midi pour rattraper le dessert d'hier !!!

Mais Renaud ne semble pas goûter son humour.

Tout le monde prend place autour de la table. Comme à l'habitude, c'est auberge espagnole, chacun a apporté une partie du repas. Le bruit des fourchettes prend le pas sur les paroles.

Parler de tout, parler de rien, parler pour masquer l'angoisse. Se laisser prendre par les gestes du quotidien parce que la vie continue et que chacun s'accroche à des futilités pour ne pas parler de l'essentiel.

Parler de famille, de retrouvailles qui n'en sont pas puisqu'on ne se connaissait pas et que les ruptures ont créé des dégâts et des blessures qui ne sont pas toutes refermées. On fait attention de ne pas en ouvrir d'autres.

Finalement, Marie regrette de n'avoir pas emmené Lola. Elle aurait fait de l'animation ! Est-ce le moment ? Elle jette un regard interrogateur à Olivier qui fait mine de ne pas avoir compris.

Et, une fois de plus, c'est Juliette qui lance le sujet. Elle a surpris l'œillade de Marie et son regard insistant sur Olivier finit par le faire craquer. Il prend une grande respiration et devant cette allure solennelle se lance :

— Marie et moi avons une grande nouvelle à vous annoncer.

Hélène qui revient de la cuisine manque de lâcher le pichet de café !

— Vous allez vous marier ?

Marie pose la main sur son ventre et aussitôt, tout le monde comprend.

— Oui, maman, on ne fait pas dans l'ordre mais la nouvelle est qu'on attend un bébé.

La tension s'est transformée en embrassades et quelques larmes coulent sur les joues d'Hélène. Olivier va être père. Évidemment, il considère Lola comme sa fille et tout se passe au mieux mais cette naissance va souder cette jeune famille avec peut-être un mariage, dans la foulée ?

Renaud s'est retrouvé mêlé au milieu de ce moment de joie familiale, un de ces moments heureux dont chacun veut profiter à fond, en sachant qu'ils seront aussi soudés dans les moments les plus tristes. Mais pour l'heure, c'est la joie qui l'emporte.

Que dire ? Il souhaite participer et pour rebondir sur l'agenda naissance-mariage apporte son soutien à Olivier.

— C'est vrai qu'on ne fait pas toujours dans l'ordre. Nous aussi, avons eu notre fille Emma avant de nous marier.

Dans l'effervescence de ce moment joyeux, personne n'a entendu la voiture de Georges pénétrer dans l'allée, mais surtout personne n'a vu Margot et Emma se précipiter dans le salon !

— Papa !!!!

Oui, Emma a bien entendu son prénom et celui qui l'a prononcé est son père !

Le temps semble se figer dans un silence qui n'en finit pas. Tous les cerveaux sont en ébullition mais aucun mot ne sort, jusqu'à ce que Renaud, reprenant sa respiration dise :

— Mais qu'est-ce que tu fais là ?

La première émotion passée, cette situation totalement improbable devient petit à petit évidente, comme si quelqu'un avait tout organisé. Est-ce le fait d'avoir, tous, chacun à sa façon, espéré, scénarisé les retrouvailles que le hasard a mis les deux petites filles en présence, en leur donnant le rôle principal. Puisque tous ces adultes s'inquiètent tant pour l'avenir de leurs enfants, elles en ont pris les rênes.

Qui, mieux que les enfants pour rendre simples les situations les plus compliquées. D'ailleurs, les seules à ne pas trouver la situation extraordinaire, sont Emma et Margot pour qui ces retrouvailles marquent l'évidence de leur rencontre et surtout de leur entente.

Que les grandes personnes règlent leurs problèmes. Dans un brouhaha qui a succédé au silence gêné, elles en profitent pour s'éclipser.

CHAPITRE 16
« ON EST DEMI-COUSINES »

Margot entraîne Emma dans l'escalier qui mène aux chambres du premier étage, mais à mi-hauteur, elle s'arrête et tire la manche d'Emma pour qu'elles s'assoient sur une marche.

De là, personne ne les voit du salon mais elles peuvent entendre les conversations. C'est un poste de sentinelle qu'elle a souvent occupé avec son frère, mais elle racontera tout ça à Emma plus tard et encore tellement d'autres choses. Maintenant, elles savent qu'elles sont liées.

Encore émues et surtout excitées de ce qu'elles viennent d'apprendre, elles se regardent un peu plus intensément et instinctivement se prennent la main comme pour se rassurer et concrétiser ce rapprochement familial soudain.

— C'est fou, cette histoire, chuchote Margot ! On est cousines !! Tu te rends compte ! C'est génial !

— Pas vraiment cousines, rétorque Emma. Ta mère et mon père sont demi-sœur et demi-frère, si j'ai bien compris. Ils ont le même père, donc nous avons le même grand-père !

— Alors, on est quoi ? Demi-cousines, ça existe ? Demi-cousines, j'ai jamais entendu ce mot ! En tout cas, demi ou pas on est de la même famille !! Quand je vais raconter ça. Et aussitôt elle pense à mamie Arlette et aux arbres généalogiques à compléter. Elle voudrait pouvoir se téléporter tout de suite chez mamie Arlette.

De nouveau, elles tendent l'oreille vers le salon pour en savoir davantage mais ils doivent aussi chuchoter car les conversations sont inaudibles.

On ne peut pas dire que ce sont des éclats de voix, c'est même assez inquiétant car il y a surtout des silences.

Trop de choses à se dire ; elles reprennent l'ascension de l'escalier.

Margot entrouvre la porte de la chambre au fond du couloir. C'est celle de sa mère qui a été transformée en bureau avec un petit canapé où elle aime s'installer. Margot vient souvent s'y blottir quand elle vient voir sa mamie Hélène. Elle la regarde virevolter dans la pièce passant du clavier de l'ordinateur à sa petite boutique bien-être. Depuis qu'elle est à la retraite, mamie Hélène s'est découvert un plaisir pour la vente à domicile.

Emma la regarde avec une certaine envie :

— Tu as des mamies vraiment super, c'est sûr que tu ne t'ennuies pas quand tu vas chez l'une ou l'autre.

— Pourquoi, lui rétorque Margot, étonnée, pas toi ?

— Du côté de maman, je vois peu mes grands-parents surtout depuis qu'ils se sont installés au Portugal.

— Ils sont portugais ?

— Non, mais ils vivent maintenant la moitié de l'année à Lisbonne. C'est sympa pour les vacances avec maman. Mais c'est que pour les vacances d'été.

Emma, si discrète, se pare d'un grand sourire

— Ce doit être tellement super de les voir souvent, d'avoir sa chambre chez l'une ou l'autre.

— Et tes autres grands-parents ?

— Mes autres grands-parents, répète Emma, comme si elle recherchait la bonne définition. C'est un peu compliqué !

Voilà une réponse qu'elle a souvent entendue et qui lui vient naturellement. Oui, compliqué ! Pourquoi compliqué, parce qu'elle ne peut pas spontanément, comme Margot, raconter tout ce qu'elle fait avec eux. D'ailleurs, que fait-elle ?

Margot s'est assise en tailleur devant Emma et attend d'en savoir davantage. C'est comme si un rideau de théâtre allait faire apparaître des acteurs qu'elle ne connaît pas, bien sûr, mais qui ont un lien avec elle. Des liens qu'elle est en train de découvrir grâce à quelqu'un de bien réel, sa cousine, sa nouvelle cousine Emma. Elle s'en régale intérieurement les papilles à répéter « ma cousine Emma » !

Après avoir tout bien organisé ou réorganisé dans sa tête avec les nouvelles données familiales, Emma se lance :

— J'ai une cousine. Une vraie, enfin pas demi comme toi !

En voyant la déception assombrir le regard de Margot, Emma se reprend aussitôt.

— Mais c'est comme si je n'en avais pas !

Margot suit tellement attentivement chaque parole d'Emma, passe alors de la déception à la tristesse.

— Pourquoi, elle est morte ?

— Non, bien sûr que non, mais je ne la vois jamais, d'abord parce qu'elle a dix ans de plus que moi et ensuite parce que nos parents ne s'entendent pas très bien.

La découverte soudaine de cette nouvelle famille excite de plus en plus Margot.

— Je crois que là, on va vraiment avoir besoin de mamie Arlette et de ces arbres généalogiques. Tu as gardé le brouillon que tu avais fait ?

Emma fouille dans son sac à dos et en retire une feuille un peu écornée qu'elles étalent comme une carte au trésor.

Margot avait peu regardé l'arbre généalogique dessiné par Emma quand elle l'avait fait chez mamie Arlette, mais là, il a une tout autre valeur.

Son regard monte et descend de cet arbre, se fixe sur le prénom d'Emma et navigue à même hauteur. En effet, ni frère, ni sœur, ni cousin. Un peu plus haut, voilà la cousine : elle s'appelle Ségolène, et puis un peu plus haut ses deux frères, jumeaux et encore plus âgés. On verra plus tard.

Au-dessus, leurs parents, Isabelle et Renaud, ceux d'Emma. Voilà Renaud, le papa d'Emma qu'elle vient de voir. Deux des personnes de cet arbre généalogique ont des visages. À même hauteur, les parents de ses cousins qu'elle vient de découvrir, Anne-Sophie et Vincent.

Emma commente au fur et à mesure que le doigt de Margot remonte les traits qu'elle a maladroitement tracés :

— Anne-Sophie est aussi la demi-sœur de ta maman.

Voilà beaucoup d'informations d'un coup. Les regards d'Emma et Margot convergent alors vers ce qui est leur lien, de ce qui fait qu'elles sont de la même famille.

— C'est mon grand-père, c'est JB. Papi JB. Jean-Baptiste est le père de quatre enfants. Elle vient d'appeler son grand-père par son seul prénom comme pour le mettre à distance et permettre de le partager avec Emma.

Margot donnerait tout pour raccrocher son arbre généalogique à celui d'Emma. Le faire concrètement. Les lier tous les deux par ce grand-père. Notre grand-père à toutes les deux. Mais elle ne l'a pas sous la main, le plus fini, le plus abouti est accroché dans sa chambre. Et bien sûr chez mamie Arlette.

Margot saisit une feuille sur l'imprimante du bureau et recommence son arbre généalogique : elle pourrait le faire les yeux fermés tellement ce fut un exercice partagé avec mamie Arlette, ça lui faisait tellement plaisir. Aujourd'hui, elle la remercie de voir que ses doigts le tracent sans erreur.

Comme deux exploratrices qui vont enfin rapprocher les morceaux d'un parchemin sacré, Emma et Margot rejoignent les deux morceaux de papier.

Elles viennent de concrétiser leur appartenance à la même famille. Elles se regardent, tellement émues.

— C'est sûr, si je devais choisir une demi-cousine, ce serait toi, déclame alors solennellement Margot qui veut donner à ce moment une valeur symbolique.

Non, elles ne vont pas mêler leur sang en se piquant le doigt. C'est inutile, elles savent qu'elles ont le même sang. Les voilà toutes les deux sur leur petit nuage mais les pas décidés dans le couloir les ramènent vite à la réalité des adultes.

Renaud, suivi de Juliette, rentre dans la chambre après avoir vivement toqué sur la porte. Il semble déterminé et Juliette, en mettant sa main sur son bras, semble l'empêcher ou tout du moins l'apaiser.

— Emma, tu prends tes affaires, nous rentrons sur Paris ! lance-t-il sur un ton qui ne permet aucun refus.

Instinctivement, Emma s'est enfoncée dans le canapé et Margot s'est blottie contre elle.

Que s'est-il passé pour que son père se montre aussi décidé ?

La scène se fige. Les deux filles restent blotties l'une contre l'autre. Renaud semble déjà regretter cette entrée fracassante et

Juliette reste près de lui, comme en apnée, puis calmement elle reprend avec une voix douce :

— Renaud, c'est vraiment dommage de réagir aussi brutalement. Les filles n'y sont pour rien. Allez viens, on est tous bouleversés. On va faire un petit goûter avant de retourner à l'hôpital. Puis en se retournant vers Margot et Emma, Juliette leur fait un léger clin d'œil. Allez les filles, on vous attend en bas. Les mains et…

— C'est bon, maman, on n'est pas des bébés ! rétorque Margot, agacée !

Mais, elle se reprend aussitôt, pleine de gratitude pour cette maman qui sait toujours si bien régler les conflits.

— Oui maman, on arrive !

Emma se relève tout doucement du canapé en lissant les feuilles de nouveau froissées par l'entrée brusque de son père. Elle se sent un peu honteuse de cet éclat.

— Désolée pour mon père, je ne l'ai jamais vu comme ça. C'est sûr, on ne pouvait pas savoir que je serais ta correspondante et qu'il viendrait aussi à Lyon pour voir son père et qu'on se trouverait tous ici et que…

Margot prend Emma dans ses bras pour la réconforter, comme une grande sœur. Sœur, cousine, demi-cousine, amie… quand on s'entend bien, qu'est-ce que ça peut faire ?

— Mais là, il est vrai que c'est un peu plus compliqué, dit-elle à Emma, avec un petit sourire, c'est bien comme ça que tu dis, c'est compliqué ! Mais tu vas voir, nous on va simplifier tout ça ! Allez on y va. Ah oui, les mains, la salle de bains est juste à côté.

CHAPITRE 17
« ATTENTION À SON CŒUR »

Pourquoi Renaud a-t-il fait cette entrée brusque dans la chambre des filles ?

Il s'était senti tout d'un coup, le vilain petit canard, portant sur ses épaules toutes les raisons de cet éclatement familial. Trop de choses à digérer et voilà que sa fille rajoutait à ce tsunami émotionnel. Ah, si Isabelle avait été là, elle aurait su quelle attitude avoir.

Il est vrai que la discussion a été un peu surréaliste, donner des informations, recoller des événements et puis évidemment chercher à comprendre pourquoi tant de distance, tant de non-dits.

Une fois posée cette situation plutôt extraordinaire, les filles avaient filé dans la chambre. Elles avaient bien compris qu'il fallait que les adultes discutent entre eux de cette nouvelle, tellement surprenante.

Pour elles, la seule chose qui comptait c'était de voir que leur lien si neuf était officialisé et ce nouvel horizon leur donnait mille raisons de l'explorer.

Pour Renaud ce fut surtout échapper à ce moment irréel. Tous ces visages qui le scrutaient pour trouver des réponses qu'il n'avait pas ou qu'il ne voulait pas donner. Pourquoi remuer tous ces souvenirs qui la plupart n'étaient pas heureux. Comment recoller des morceaux qui n'ont rien à voir entre eux ? Ça il pouvait en témoigner !

Il fallait retrouver son espace, sa zone de confort qu'il avait si longtemps mis à construire entre Isabelle et Emma. Cette famille lui suffisait.

C'est pourquoi il avait ressenti le besoin de le concrétiser en allant chercher Emma ?

En redescendant l'escalier avec Juliette, il reprit aussitôt ses esprits. Elle lui avait pris l'épaule comme pour le soutenir ou plutôt le consoler. En fait non, pour tout simplement, lui faire comprendre qu'elle était là aussi pour lui, elle était sa sœur.

Arrivés dans le salon, les discussions qui semblaient animées s'interrompirent d'un coup.

Pour briser ce silence soudain, Olivier en les voyant réapparaître, serrés l'un contre l'autre, proposa à Renaud, s'il le voulait bien, d'aller à l'hôpital. C'est ce qui était prévu et tout le monde avait besoin tout d'un coup d'air et d'espace.

— Pourquoi n'iriez-vous pas avec les filles ?

Quand Hélène fit cette proposition, les regards se tournèrent vers elle dans un même mouvement.

— N'est-ce pas un peu tôt ? Un peu rapide ?

Arlette venait de donner son avis pensant que tous la partageraient. Et puis ce serait une émotion tellement forte.

— Attention à son cœur !

— Oui, mais justement, intervint Hélène, son cœur a plus besoin de réconfort que de tubes. Et puis si le destin est intervenu, autant ne pas le contrarier : il n'y a pas de hasard !

JB n'était pas passé loin parce qu'il voulait rapprocher les êtres les plus chers à son cœur. Son cœur avait été chahuté mais il avait tenu bon.

— D'ailleurs, je vais venir avec vous, répliqua Hélène, pour le préparer à cette rencontre. Je veux assister à ce moment. Il l'attend, nous l'attendons depuis si longtemps.

CHAPITRE 18
« MES PETITES FILLES »

Quand il vit entrer Hélène dans sa chambre, JB eut un regard de soulagement et un sourire illumina son visage. Il était vivant et son rayon de soleil venait de le sortir de sa petite sieste.

— Merci ma chérie de revenir voir ton vieux mari ! Tu es toute seule ?

Il avait cru entendre des voix derrière la porte et s'étonna qu'elle la ferme derrière elle.

— Non, pas vraiment, la maison est bien remplie, tout le monde demande de tes nouvelles, mais ce sont les garçons qui m'accompagnent et…

— Et…

Elle s'approcha, tourna sur elle-même et s'installa sur le lit en collant sa jambe contre celle de JB. Elle lui prit la main et son regard plongea dans celui de son mari. Intrigué par tant de précaution, JB interrogea :

— Alors, c'est quoi ce mystère ? JB scruta son visage pour en lire la réponse.

— Tu vas avoir une surprise, évidemment, une bonne enchaîna-t-elle.

JB pensa aussitôt à ce qui l'avait conduit dans ce lit et fut ravi de voir que sa famille avait accepté Renaud et surtout ne lui avait pas tenu rigueur de l'émotion causée par cette rencontre. Mais que lui réservait-elle d'autre ?

Son regard gardait son intensité et en pesant chaque mot, elle continua :

— Ils sont venus avec les filles.

— Les filles ?

Pour éviter que le cerveau ne bouillonne trop vite et fasse monter la tension, Hélène continua rapidement et raconta le hasard incroyable qui avait conduit la fille de Renaud, Emma chez Margot, comme correspondante scolaire.

— Mais c'est…

— Oui, comme tu dis !

— Et ils, elles sont là ?

— Oui tu vas voir, elles trépignent d'impatience et s'entendent déjà comme larrons en foire. Tu es prêt ?

Hélène ouvrit la porte et JB vit apparaître ses deux fils précédés de deux petites filles, ses petites filles. Il ne pouvait cependant pas enlever son regard de celle qu'il ne connaissait pas : Emma ! Ce dont il avait toujours rêvé, la réunion de sa famille, bien sûr qu'une partie, mais il voulait en savourer chaque seconde.

Margot, la première se précipita vers son grand-père et l'embrassa si fort qu'il fallut la retenir.

— Doucement Margot, papi est encore fragile lui dit Hélène.

— Non, pas de souci, c'est impressionnant avec toute cette toile d'araignée de fils mais ça va mieux.

En essayant de retrouver des traits familiers sur le visage d'Emma, il prit sa voix la plus douce pour prononcer pour la première fois ce prénom :

Bonjour Emma, je suis heureux de te connaître. Bien sûr, ce n'est pas terrible comme endroit, mais on va se rattraper. N'est-ce pas Margot ?

Emma était restée devant Renaud qui lui tenait les épaules. Doucement ils s'approchèrent mais n'eurent pas le temps de parler car Margot faisait déjà les présentations, prenait la main d'Emma pour l'attirer vers JB.

Emma s'arrêta sur un petit bonjour, et ne sachant comment l'accompagner, elle tourna un regard interrogateur vers son père.

— Tu peux dire grand-père, Emma. Voici mon père, ton grand-père. Et oui, vous avez Margot et toi le même grand-père.

Bien sûr, elle l'avait compris, et vu sur les arbres généalogiques mais là, il était en vrai. Il paraissait gentil et le voir pour la première fois dans un lit d'hôpital lui donnait l'impression d'un vieux monsieur fragile. Elle se dit qu'il était temps qu'elle le rencontre.

Margot lui serra la main pour lui donner confiance et c'est à ce moment-là qu'Emma eut vraiment la sensation de rentrer dans cette famille.

Si toutes les machines du service cardio avaient été branchées, il y aurait eu surtension, car tous les cœurs battaient la chamade.

On aurait pu prendre une photo mais était-ce bien l'endroit ? Peu importe, ce moment ne sera pas immortalisé sur la pellicule mais il le sera à jamais dans le cœur de chacun d'eux.

L'arrivée de l'infirmière intriguée par tant de monde interrompit tout discours et quand elle ne permit que deux personnes, ce sont les deux petites filles qui restèrent encore un moment avec leur grand-père.

Elles étaient là, chacune d'un côté du lit, lui tenant la main. Il sentit que son cœur se rechargeait d'énergie à leur contact. Ces deux frimousses, si pleines de vie présageaient d'un bonheur nouveau et il comptait bien en profiter encore de nombreuses années.

Il se redressa sur ses coussins et d'un geste vigoureux les attira toutes les deux contre lui pour les embrasser.

— Mes petites filles chéries, je vous dis, à bientôt ! Vous allez voir que le papi n'a pas dit son dernier mot !

Et ils partirent tous les trois d'un grand éclat de rire !

CHAPITRE 19
LES VEDETTES DE LA SEMAINE

Dès le lendemain, chaque famille regagna ses pénates et Margot put recevoir Emma chez elle. Avant le retour de son frère, elles prirent possession de la maison et préparer la semaine d'échange scolaire.

Elles trépignaient, impatientes de raconter leur folle rencontre à leurs copines et ce furent les deux classes qui partagèrent ce moment avec elles.

Leurs maîtresses furent elles aussi surprises de cette situation et ravies de cette histoire. En organisant cet échange scolaire et leurs retrouvailles, elles en avaient provoqué d'autres.

On n'avait pas fini d'en reparler. Tout juste si le programme sur la ville de Lyon, son histoire gallo-romaine avec les théâtres et le musée sans parler du vieux Lyon semblait passer au second plan, Margot et Emma étaient devenues les vedettes de la semaine et elles en profitèrent le plus possible.

La semaine d'échange scolaire pourtant bien remplie sembla passer très vite et la séparation, au pied du car, fut un moment très fort ; pour Margot comme pour Emma, cette rencontre restera marquée et fera, elles n'en doutaient pas, le souvenir qu'elles adoreront se raconter, à chaque moment, comme pour se dire que oui, elles l'avaient bien vécu !

Au fil des semaines qui suivirent, leur excitation ne retomba pas, bien au contraire et tous les projets les plus fous furent élaborés, puis approfondis pour finalement être positionnés dans une liste de plus en plus longue.

Le principal fut bien sûr de rester en relation grâce à tous les réseaux sociaux. Margot sut défendre sa cause pour obtenir un téléphone portable. Évidemment, vu la situation exceptionnelle, il fut accordé mais avec tous les bémols possibles.

Pour le reste de la famille, les jours suivants furent tout aussi intenses, notamment pendant la convalescence de JB. Il fut raisonnable et utilisa au mieux les nouvelles technologies pour garder le plus de liens possibles.

Olivier créa un site familial et les échanges à distance permirent d'avancer sur ce nouveau chemin. Il fallut mettre le holà pour les communications entre Margot et Emma qui, bien sûr, voulaient compenser le retard. De ces nombreux échanges, de nouvelles réunions familiales furent programmées et tous les membres de la famille apportèrent leur avis.

Ce bonheur retrouvé semblait se consolider, grâce notamment aux deux petites filles.

Et pourtant, la même question revenait pour Jean-Baptiste, toujours inquiet : fallait-il fragiliser ce bonheur avec une demande de révision de la prestation compensatoire ?

La réalité rattrapait tout le monde et même si Renaud avait assuré que cela ne pouvait pas détériorer plus que cela l'était, les relations avec sa mère et sa sœur, il fallait utiliser la procédure, disponible depuis quelques années, notamment avec les conseils de l'association CCN-ARPEC.

CHAPITRE 20
L'ASSOCIATION CCN-ARPEC

Hélène raccrocha le téléphone tout en se tournant vers Jean-Baptiste, absorbé par sa revue scientifique.

— Tu as entendu ? Je la rencontre demain. Je vais chercher notre dossier et rajouter quelques éléments plus récents.

Seul le journal acquiesça. Bien sûr, il avait entendu que le rendez-vous était pris avec la présidente de l'association mais ne leva pas la tête. Il avait visité le site de l'association et avait bien compris toute la procédure à suivre pour demander une révision de cette prestation compensatoire.

Le plus difficile était, maintenant, de franchir le pas. Et avec quelles conséquences ?

Le statu quo permet de laisser enfouis des problèmes qui risquent de se réalimenter si on les réactive, et Jean-Baptiste redoutait que cela se produise en déclenchant cette procédure.

Tiraillé entre le fait de sortir de cette situation inique et de faire ressurgir le passé, Jean-Baptiste avait hésité pendant des années pour éviter toute tension entre ses deux familles, ses deux épouses successives et ses quatre enfants.

Mais, avec le recul qu'a-t-il vraiment protégé et pour quel résultat ?

Non, il n'est pas absorbé par sa revue scientifique, il fixe désespérément, la première ligne d'un article qu'il ne lira pas et se plonge dans ses pensées, pour faire une véritable introspection.

Son cœur, ce cœur qui commence à faire des siennes, et s'il s'arrêtait. Tout serait fini !

Depuis son retour à la maison, il n'est plus le même. Cette fois ce n'était plus une alerte mais un coup de semonce !

Ce qui le taraude de plus en plus, c'est de ne pas pouvoir assainir les relations entre ses deux familles. Oui, il n'est certes pas responsable de tout, mais il a sa part et il faut régler les différends qui sont à sa portée.

Alors, et c'est ce qu'il a souvent fait après avoir pris une grande respiration et bombé le torse comme s'il allait faire un plongeon devant un public ébahi, il fait taire cette petite voix pour se relancer, tel un homme plein de force et d'énergie dans un nouveau challenge. C'est la meilleure façon de prendre la vie et de rester jeune !!!

Mais aujourd'hui, il sent que la petite voix s'est alliée avec son cœur pour se faire entendre. Et elle a raison parce que cette fois, Jean-Baptiste a vu une telle inquiétude dans le regard d'Hélène qu'il ne fait plus le fanfaron ! Son numéro de charme ne la fait plus chavirer, ni rire.

Il faut sortir de cette situation et si cette association a la solution alors, pourquoi pas ?

CHAPITRE 21
ENFIN DÉLIVRÉS !

Alors qu'Hélène et surtout Jean-Baptiste croyaient que leur situation était non pas unique mais isolée, l'association regroupant des milliers de cas fut la démonstration qu'elle concernait beaucoup plus de monde !

Hélène continua à relater les informations que lui avait données la présidente de l'association :

— Comme nous, pendant des années, quand les effets de cette loi se sont abattus de façon implacable sur les familles, elles n'osaient pas en parler pensant, comme toi, que leur jugement les avait fait tomber dans un piège. Tu pensais à l'époque que tu t'étais fait avoir de ne pas avoir été assez vigilant.

Mais continua-t-elle :

— Tu n'as pas été le seul et ils ont même été des centaines de milliers notamment ceux qui ont divorcé par consentement mutuel, ce qui est un comble. Cette association a permis de montrer l'étendue du désastre en permettant à toutes ces familles de se réunir pour dénoncer cette situation inique.

— Rappelle-toi, on n'en a pas parlé autour de nous, vues les premières réactions : dire qu'on paie une rente viagère à perpétuité, que ce n'est plus une pension alimentaire mais une prestation compensatoire liée à la différence du niveau de vie, on abandonne vite les explications !

— Pour nous déjà c'est tellement difficile à comprendre comment on en est arrivé là !

Jean-Baptiste interrompit Hélène. Tout cela, il le savait mais que des milliers de familles soient dans le même cas ouvrait d'autres perspectives. Il avait parcouru le site de l'association avec les avancées, la loi de 2000, puis les amendements de 2004 permettant aux divorcés dépendant de la loi de 1975, de demander une révision. Plus intéressant encore, l'arrêt de la cour de cassation relevant l'avantage manifestement excessif, pouvait correspondre à son cas. Pour montrer qu'il avait lui aussi consulté le site de l'association, il enchaîna :

— D'après ce que j'ai vu sur les jugements rendus, relatés sur le site, il y a eu des révisions avec des diminutions mais aussi des suppressions.

— En effet, reprit Hélène, mais d'après la présidente, trop peu d'adhérents font cette démarche par crainte d'être déboutés et de payer des frais d'avocat. Mais ceux qui le font, obtiennent souvent gain de cause, car enfin la Justice reconnaît la disproportion et la différence de traitement subies lors de ces divorces, notamment entre la loi de 1975 et celle de 2000.

— Bon, alors concrètement, que faut-il faire ? demanda JB.

Maintenant que la décision était prise, il fallait suivre la procédure et la première étape risquait de tout arrêter net !

— Comme tu as divorcé par consentement mutuel, il faut que tu demandes à Simone son consentement pour renoncer à la prestation compensatoire.

JB faillit s'étouffer !

— et à ton avis, elle va accepter ?

— Évidemment non, mais il faut en passer par là si tu veux ensuite montrer ta bonne volonté, démontrer qu'elle n'en a pas et pouvoir ensuite lancer une procédure avec un avocat.

Jean-Baptiste eut du mal à écrire cette lettre mais au final, quand il la fit relire à Hélène, elle en eut les larmes aux yeux. En deux pages seulement, il rappelait l'essentiel des relations entre eux, leurs enfants et la bonne volonté que chacun devait mettre pour permettre à chacun d'apaiser les relations pour le bien de tous.

Hélène s'attendait à un courrier lapidaire et technique de JB, toujours très précis, tel l'ingénieur qu'il avait été, mais là, elle fut touchée par l'humanité qui émanait de chaque mot. Elle se demanda même si un avocat pourrait faire mieux que cette lettre pour plaider sa cause.

La réponse de Simone fut plus facile à analyser : sa lettre ne comportait que quelques mots : « Je ne suis pas d'accord » !

Comme JB avait prévenu, à la fin de sa lettre, en cas de réponse négative, il entamerait une procédure. Il le fit aussitôt. Un ami lui avait conseillé un avocat, spécialiste du droit de la famille qui avait obtenu des suppressions de prestation compensatoire.

Il ne fallut que quelques semaines pour réunir toutes les pièces, notamment les fiches d'imposition. Pas facile de se mettre à nu pour défendre sa situation, mais il fallait en passer par là !

C'est ce qui dut faire changer d'avis Simone qui renvoya un courrier pour renoncer à la prestation compensatoire peu de temps après. Étaler ses revenus, ainsi que ceux de son mari avait dû les convaincre que « le jeu n'en valait pas la chandelle » !

Bien sûr, ils ne le sauront jamais mais Renaud, à l'annonce de cette nouvelle, sur un hochement de tête lui donna raison. Sachant qu'il revoyait son père, Simone avait expliqué cette décision par une phrase qui le laissa pantois :

— Je ne comprends pas son acharnement, j'ai toujours été sympa avec lui ! Toujours une question d'argent. À croire qu'il ne pense qu'à ça !

Il était clair qu'elle n'avait pas lu la lettre de Jean-Baptiste. Sans doute, avait-elle servi pour allumer les bûches de la cheminée.

Lorsque l'avocat envoya la décision définitive avec l'arrêt de la prestation compensatoire, Jean-Baptiste et Hélène ne purent s'empêcher d'ouvrir une bouteille de champagne. Le bouchon explosa l'épée de Damoclès qu'ils avaient au-dessus de la tête, cette menace qu'ils auraient léguée à leurs enfants et petits-enfants.

Bien sûr, ils ne réalisaient pas encore car des années de « bigamie » entretenue par cette loi mal appliquée, les avaient toujours tenus en éveil.

Comme c'était terminé, ils décidèrent d'en parler simplement avec leurs enfants et leurs conjoints. Les petits-enfants étaient épargnés et les demi-cousines n'auront pas la prestation compensatoire en héritage. Le débat était clos. JB s'en voulut de ne pas avoir agi avant, mais les événements avaient rebattu les cartes pour ouvrir le jeu : l'échange scolaire, le repas avec ses fils, sa crise cardiaque, les retrouvailles de ses enfants.

Quand c'est le moment, il faut savoir saisir l'opportunité et surtout en profiter. Mais pour l'heure, le sujet sur le groupe Whatsapp de la famille était d'organiser les prochaines rencontres.

CHAPITRE 22
LA FAMILLE S'AGRANDIT

Les grandes étapes étaient bien sûr calquées sur les vacances scolaires. Même si les zones ne sont pas les mêmes, NOËL reste toujours le 25 décembre !

De passage à Lyon, sur la route de la montagne, tout le monde se retrouva quelques jours chez Juliette qui fit enfin la connaissance d'Isabelle. Si les deux filles avaient mille choses à se dire, leurs mamans ne furent pas en reste.

Pour les vacances de février et de Pâques, il n'y avait qu'une semaine commune pour les deux zones. Juliette et Isabelle ne purent résister à la pression de leurs filles et elles organisèrent des échanges, soit chez l'une, soit chez l'autre. Après tout, elles avaient inauguré cet échange pour leur plus grand bonheur, ce devait être un signe et il fallait persévérer. D'autant que Lyon n'est qu'à deux heures de Paris en TGV.

L'événement important de ce printemps apporta une joie immense dans la famille : la naissance de Raphaël, le bébé d'Olivier et Marie. Un choix du roi avec la petite Lola qui déjà jouait à la maman. Le baptême se fit dans la foulée et Marie se sentit alors totalement intégrée dans la famille. Olivier ne comprit pas mais ce fut comme ça qu'elle le ressentit.

En quelques mois, le cercle familial s'était agrandi grâce aux retrouvailles et maintenant avec la venue d'un enfant. Lola avait déjà trois ans quand Marie a rencontré Olivier et depuis longtemps, la maison n'avait pas retenti des gazouillis et des cris d'un bébé.

Hélène s'était approchée de JB, penché au-dessus du berceau.

— Tu m'as l'air bien soucieux, mon chéri.

— Quelle merveille ! Un si petit bonhomme qui répand tellement de joie autour de lui. La vie passe si vite, j'espère que nous pourrons le voir grandir encore longtemps !

— Bien sûr, mon chéri, profitons de ceux que nous avons la chance d'avoir près de nous.

C'est dans ces moments-là, d'intense bonheur, que l'ombre de l'absence se fait sentir plus fortement. Il pensa aux enfants d'Anne-Sophie. « Mes petits-enfants à l'insu de mon plein gré », disait-il pour dédramatiser, parodiant un illustre cycliste. Mais ils n'étaient plus des bébés depuis longtemps. C'était des adultes et il n'avait jamais eu aucun lien avec eux, à part ceux du sang. Qu'est-ce que cela veut dire ? Et puis c'est sans doute trop tard ! Comment raccrocher un fil qui s'est tellement distendu ou qui n'a même pas existé ?

Son sourire revint sur ses lèvres et il chassa ces questions sans réponse, comme de mauvais nuages.

— Tu as raison, profitons des présents et de ces bons moments. Quel plaisir de voir Olivier se transformer en papa poule. Ils forment vraiment une belle famille tous les quatre !

Pour rester dans les projets, Hélène rappela que normalement tout le monde serait libre mi-juillet.

— Pour quel événement ? Je ne vois pas trop ! JB, fit mine de ne pas comprendre.

— Mais bien sûr, tu ne penses quand même pas échapper à ton anniversaire.

— Mais j'avais dit qu'à 70 ans, j'arrêtais de compter !!

— Tant qu'on peut compter, on va le faire, petit malin !

— Bien sûr, ma chérie, tu sais que j'adore être la vedette et maintenant avec le petit Raphaël, j'ai une sérieuse concurrence !

CHAPITRE 23
C'EST L'ÉTÉ, TOUS RÉUNIS, OU PRESQUE !

Voilà une journée comme on les aime, surtout que le temps est de la partie.

C'est normal pour une mi-juillet, mais on a déjà vu cette journée d'anniversaire sous la pluie !

JB fête ses 71 ans et cette journée aura une saveur spéciale. Pour la première fois, trois de ses enfants seront réunis avec ses petits-enfants et bien sûr Emma et Margot.

Leur rencontre si extraordinaire a été tant de fois racontée et sans doute amplifiée et agrémentée qu'elles ont tenu la vedette dans la famille. Plus encore, elles sont devenues celles par qui les liens se renouent et elles aiment le rappeler quand on leur reproche d'en rajouter. Surtout Lucas, le frère de Margot, qui était absent ce fameux weekend et en écho les trois cousins qui trouvent qu'on en fait tout un plat !

Pour l'heure, ce sont leurs cris qui résonnent à chaque fois qu'ils font une bombe dans la piscine. JB les surveille du coin de l'œil allongé sur la balancelle pendant que Marc et Olivier s'affairent autour du barbecue.

Comme à chaque réunion familiale, tout le monde met la main à la pâte mais surtout apporte sa spécialité : pour Juliette, c'est son super taboulé. Quant à Martine, habituée à nourrir ses ados, qui, comme elle le dit, sont des ventres sur pattes, elle a confectionné ses salades de pâtes et de pommes de terre qui regorgent de beaucoup d'autres choses tout aussi délicieuses.

— Qu'ils se défoulent ! dit-elle en disposant ses saladiers sur les tables.

En fait, il a fallu les rallonger pour accueillir tout le monde. Et même les disposer différemment.

— On sera combien finalement ? demande Juliette à Hélène qui arrive avec une pile d'assiettes. Et de rajouter :

— Maman, des assiettes en carton auraient bien fait l'affaire !

— J'en ai suffisamment, et puis, c'est un anniversaire ! On mettra les moins fragiles aux enfants. Ils seront un peu plus loin tous les six. Marie veut garder Lola près d'elle, mais bon, depuis l'arrivée du bébé, elle dit qu'elle est une grande. On verra. Donc, si j'ai bien compté, on est dix adultes.

JB vient d'arriver près d'Hélène et lui prend la pile d'assiettes.

— Tout sera très bien, comme d'habitude, ma chérie.

Mais ce n'est pas comme d'habitude puisqu'il y aura Renaud, Isabelle et Emma pour cette réunion de famille.

D'habitude, c'est un peu parking italien dans l'allée et sur le côté de la maison, mais cette fois il faut laisser une place à Renaud qui va stationner sa voiture pour quinze jours chez son père. Heureusement, les voisins sont en vacances et ont laissé des places devant chez eux.

C'est une situation habituelle pour Juliette et Marc quand ils partent en vacances et prennent l'avion. Ils laissent leur voiture chez leur père qui les emmène à l'aéroport.

Cette fois, l'événement de cette journée, en dehors de l'anniversaire, c'est le voyage au Portugal.

Renaud a proposé à Juliette d'emmener Margot avec Emma pour des vacances chez les parents d'Isabelle au Portugal.

Qui a eu cette idée ?

Dans leur liste de choses à faire, celle-ci était sans doute en tête pour les deux cousines !

Au coup de klaxon, tout le monde se tourne vers l'entrée du portail gardée ouverte pour l'arrivée de Renaud qui se laisse guider vers le bout de l'allée, sous le portique réservé habituellement à la voiture de JB.

— Même moi je n'ai jamais pu la mettre à ta place, ironise Olivier en tapotant l'épaule de son père.

— Tu crois ? Il me semble que…

C'est souvent comme ça quand on se dit qu'il faut rattraper le temps perdu, on fait des choses qui ne se justifient pas mais on ne va pas non plus tout passer à la jauge !

Emma a sauté de la voiture et se jette dans les bras de Margot qui l'entraîne dans la maison. Hélène et Juliette arrivent aussitôt, suivies par Arlette et Martine.

Tout le monde s'embrasse et Isabelle, entraînée dans ce joyeux ballet, se sent très vite à l'aise. Jean-Baptiste est venu avec Georges prendre les valises des mains de Renaud.

— L'apéro est prêt, appelle Olivier en saluant son frère de la terrasse.

— Juste à l'heure ! Avec plaisir, lui répond Renaud, ravi d'être enfin arrivé !

Les deux cousines se sont isolées dans la salle de jeux pour démarrer sans attendre la préparation du voyage. Sa valise n'est pas encore fermée et elle a besoin de l'avis d'Emma pour la compléter.

— Tu sais, il fait chaud au Portugal, même très chaud ! Je pense que tu n'as pas besoin d'autant de jeans ! lui suggère Emma avec un petit sourire.

Margot lui montre aussi les cadeaux qu'elle a choisis pour les grands-parents pour les remercier de l'accueillir.

— Maman voulait que je prenne des chocolats de Lyon, mais je ne pense pas qu'ils supportent le voyage !

— Tu crois ?

Et elles partent d'un grand éclat de rire. Elles allaient profiter de chaque minute de ces vacances, de chaque minute passée ensemble.

Les cris se sont arrêtés, les garçons sont sortis de la piscine et c'est mamie Hélène qui les appelle :

— Les filles, on vous attend pour manger. Vous finirez la valise après, mais surtout vous aurez le temps de papoter.

Évidemment, tout est parfait et ce repas restera un moment chaleureux et heureux. Hélène surprend souvent le regard de Jean-Baptiste qui passe de l'un à l'autre comme pour les envelopper dans ce moment pour le garder bien au chaud dans son cœur.

À peine le repas terminé, les garçons ne tenant plus en place, se sont à nouveau jetés dans la piscine, accompagnés par Marc, Olivier et Renaud pour improviser un water-polo acharné : trois hommes contre quatre ados : le match est serré !

Jean-Baptiste et Georges se sont installés dans la balancelle pour de loin commenter en riant le match, en se disant qu'ils auraient du mal à tenir le rythme avec cette joyeuse bande.

Lola, qui aurait bien voulu se baigner, devra attendre les filles. Elle est restée vers Marie qui allaite le bébé.

— D'ailleurs, où sont-elles ? demande Juliette.

Elles se sont de nouveau éclipsées pour continuer leurs préparatifs, attentives à l'appel du gâteau sur lequel Hélène et Martine sont en train de disposer les bougies.

Pendant ce moment d'accalmie, Juliette et Isabelle en ont profité pour faire un peu plus connaissance, à l'ombre de la tonnelle, loin des éclats de la piscine.

— Je suis ravie pour Emma, commence Isabelle. Avoir une cousine et surtout si bien s'entendre avec elle. Elle n'arrête pas d'en parler. Je pense qu'elles vont passer de très bonnes vacances.

— Et que ce ne seront pas les dernières, renchérit Juliette.

Bien sûr, elles ne vont pas revenir sur les moments délicats voire difficiles qu'ils ont tous traversés, en raison d'événements soudains, étonnants mais surtout réveillant de vieilles tensions.

— Je pense qu'il faudra un peu de temps pour digérer tout ça, mais si chacun y met du sien, ce sera possible, continua Juliette. Je pense que cette journée est de bon augure.

Isabelle acquiesça :

— Je ne dirais pas que Renaud a totalement changé d'un seul coup, mais je le sens plus serein et en se sentant bien dans votre famille…

— Dans sa famille, interrompit Juliette avec un grand sourire !

— Oui, bien sûr, surtout qu'il faut dire que dans son autre famille, il ne s'est jamais senti à l'aise, moi non plus d'ailleurs !

— Apparemment, c'est plus compliqué ! D'après ce qu'Emma a dit à Margot !

— C'est un autre monde !!! répondit Isabelle, d'ailleurs, nous venons de vivre un changement de planète !

Juliette était tout ouïe. Renaud avait dit qu'il se rendrait au mariage de Pierre-Henri, le fils d'Anne-Sophie. Il s'était fait violence mais pour faire plaisir à sa mère, sa sœur et son neveu, il avait accepté. Après tout, c'était le mariage princier auquel il avait échappé, et c'était l'occasion de renouer aussi avec cette partie de la famille.

De sa petite famille nucléaire, avec Isabelle et Emma, voilà que tout ce monde arrivait et il y avait de la diversité. Passer de la réception « grand château, grand chapeau », comme disait Isabelle, au barbecue, leur avait fait sauter un grand bond.

Elle raconta à Juliette ce moment hors sol et le contact avec les autres membres de la famille « princière ».

— Nous avons pris quelques photos et vidéos. Ce sera plus parlant !

CHAPITRE 24
UN MARIAGE PRINCIER

Simone, à l'en croire, fut ravie de voir son fils et même Isabelle ainsi qu'Emmanuelle.

— C'est Emma et pas Emmanuelle, avait rétorqué Isabelle !

— Toujours ces diminutifs absurdes, vraiment c'est dommage. Pauvre petite !

Renaud faillit tourner les talons sur cette première réflexion, mais autant profiter des petits fours et de la journée.

Il revit sa sœur Anne-Sophie, mais à aucun moment, il ne fut question de leur père. Elle était de toute façon complètement absorbée par son rôle de mère et l'accueil de tous les invités et il ne la revit pas de la journée.

Sur le même modèle, il reconnut sa nièce Ségolène, entourée de prétendants, tous guindés dans leur habit de cérémonie. Elle lui jeta juste un regard surpris et ne demanda même pas qui il était. Il est vrai qu'Isabelle les avait mis sur leur 31 mais apparemment pas assez chic !

Décidément, une vraie dynastie : la grand-mère, la mère et la petite-fille !

Quant au marié, lui aussi, portait son prénom Pierre-Henri comme un étendard et rendait fières toutes ces dames : il épousait une « de quelque chose » et était vraiment raccord dans le décor. En voilà un qui ne décevrait pas sa grand-mère que bien sûr, il appelait soit Simone, soit Manou !

Que ce soit avec sa mère, sa sœur, son neveu et sa nièce, Renaud ne se voyait pas parler de sa rencontre avec son père, même parler tout court !

Ils n'avaient vraiment pas grand-chose à se dire, parce qu'ils n'avaient pas grand-chose en commun. Il fallait se rendre à l'évidence. Maintenant qu'il avait trouvé une nouvelle famille dans laquelle il se sentait bien, ce sentiment d'abandon sembla s'envoler.

Au moment où ils pensaient s'éclipser car, de toute façon, personne ne s'en rendrait compte, apparut le rebelle de la famille : Max, le frère jumeau de Pierre-Henri, mais vraiment faux jumeau car non seulement ils ne se ressemblaient pas mais ils étaient carrément opposés. Tout juste si son nom n'avait pas été rayé de la liste des invités, surtout que lui aussi avait raccourci Maximilien en MAX, ce qui avait le don d'irriter sa mère.

Anne-Sophie avait cru épouser un « de » quand elle s'était mariée avec Vincent Devermont, mais c'était en un seul mot ! Quelle déception !

Depuis leur divorce, Renaud n'avait pas revu son beau-frère, et ce mariage sera aussi une occasion de le croiser. Sans être proches, ils avaient assez sympathisé, et Renaud se rappelle la réflexion qu'il se faisait à l'époque quand sa sœur lui tapait sur les nerfs : mais comment peut-il la supporter ?

Apparemment, il a tenu jusqu'au divorce mais les modalités n'ont pas été les mêmes que pour leur mère ?

La loi de 2000 n'a pas permis à Anne-Sophie d'avoir la prestation compensatoire qu'elle espérait et elle a dû travailler. Heureusement, sa mère et surtout son beau-père lui ont trouvé un emploi dans une de leurs boutiques de décoration.

— Renaud, mais oui c'est bien toi ! s'écria Max en dévalant la pelouse, en surplomb du parking. Mais tu ne t'en vas pas déjà ?

Son père,Vincent, les rejoignit en descendant par le chemin en rondins.

— Ça fait un moment, continua Max, alors tu reviens à la maison-mère et pour les grandes occasions !

Plus simplement, Vincent remercia Renaud d'être venu pour le mariage et se retourna vers Isabelle et Emma qui avaient assisté à la scène.

— Bonjour Isabelle, si je me rappelle bien et ? interrogea-t-il en souriant à la jolie petite fille.

— Et Emma, enchaîna Isabelle, qui elle ne se souvenait pas de l'avoir rencontré mais le trouva charmant.

— Alors vous restez pour le grand bal ? demanda Max. Je sais, je ne me suis pas habillé en pingouin mais sur ma banquise, il n'y a que des ours.

Et pour accompagner ses propos, il tenta la danse de Baloo tout en chantant :

— Il en faut peu pour être heureux, si peu pour être heureux !!!

— Eh bien, Max, tu n'as pas changé, toujours aussi drôle !

— Ah, j'aime bien ce mot, mais ce n'est pas celui que la reine mère aurait choisi !

— Maximilien, un peu de tenue, s'il te plaît !!

Son père reprit la conversation plus sérieusement.

— . Anne-Sophie et Manou sont tellement contentes que Pierre-Henri renoue avec la tradition familiale. C'est bien que tu sois venu avec ta famille.

Vincent ne s'en était peut-être pas rendu compte mais il venait de souligner que dans les faits il ne faisait pas partie de cette famille ! Il avait la sienne !

— En tout cas, bravo, si je me marie un jour, renchérit Max, je ferai comme vous, en haut du grand canyon, ça a de la gueule !!

Décidément, Max faisait « tache » dans le paysage. Il avait lui aussi fait de brillantes études mais dans le domaine des nouvelles technologies et avait déjà ouvert plusieurs start-up. Par contre, son mode de vie tenait plus de la bohème qu'aux beaux quartiers. Était-ce par provocation ou par goût, il portait toujours les cheveux longs mais souvent coiffés en chignon et pour l'heure, il les avait domestiqués dans un catogan, genre chevalier.

Quand son père s'éloigna pour rejoindre les invités, Renaud se dit que seul Max pourrait avoir une oreille attentive à ce qu'il venait de vivre. Il pourrait lui parler de son père et pour lui de ce grand-père qu'il ne connaît pas.

En effet, Max prit un air sérieux et même un peu grave quand il écouta son oncle lui raconter en quelques phrases les circonstances des retrouvailles.

Renaud avait préparé ces mots pour les partager avec sa sœur, mais il semblait que seul Max était capable de les entendre, tout du moins, à ce moment-là.

— Je suis content pour toi, pour vous. Ça a l'air super ! Mais c'est vrai que c'est un peu vertigineux. C'est quelqu'un que je ne connais pas du tout, cet homme, je veux dire ton père. C'est vrai que c'est mon grand-père et j'en ai tellement entendu de mal ! D'ailleurs, je me suis souvent dit que c'était tellement exagéré parfois qu'il devait quand même pas être comme ça !

— Oui, c'est vraiment quelqu'un de très bien et je suis très heureux de l'avoir retrouvé. Si tu veux on en reparlera plus tard. Mais pour le moment, on va vous laisser à la fête. On a profité de l'après-midi et pris quelques photos en souvenir. Dis au revoir pour nous à toute la famille.

— Salut tonton ! À très vite ! Bon je vois que nous avons été filmés par la miss avec sa tablette. Souvenir, souvenir ! À très vite !

Et il repartit en courant vers la terrasse qui déjà s'illuminait sous les tonnelles fleuries.

CHAPITRE 25
JOYEUX ANNIVERSAIRE PAPI

Margot avait enfin bouclé sa valise qui attendait maintenant au pied de son lit dans la salle de jeux. C'était son endroit préféré chez mamie Hélène, là où elle avait souvent dormi avec son frère et ses cousins quand ils étaient plus petits, notamment au moment de Noël. Que de souvenirs et de rires dans cette pièce qui était aménagée avec des jeux, des cabanes et autres circuits.

Mais pour l'heure, Margot savourait le plaisir de partager cet espace avec Emma. Seules, toutes les deux pour cette nuit avant le départ pour le Portugal. C'est leur papi qui les emmènera à l'aéroport. Les parents d'Emma avaient la chambre à côté et les réveilleront de bonne heure. Même si leur nuit sera courte, à papoter, elles seront prêtes à l'heure dite pour ce premier voyage, toutes les deux.

Elles mirent les maillots de bain qui auraient le temps de sécher pour ce départ et se précipitèrent, à leur tour, dans la piscine.

— Poussez-vous, c'est le tour des filles !!!

Heureusement, les garçons étaient sortis et enchaînaient avec une partie de mini-foot sur le terrain de boules.

— Ce n'est pas fait pour ça, avait sermonné Georges, en voyant ses petits-fils labourer le terrain !

— Laisse les matelots, ce n'est pas grave, avait rétorqué JB. Ce sera un jeu avec obstacles !

— Pourquoi il les appelle les matelots, demanda Emma ?

— C'est Lucas et moi qui les appelons comme ça : Matteo, Théo et Léo, ça fait matelots !! Du coup, tout le monde les appelle comme ça, mais ils trouvent ça rigolo !!! Et elles se précipitèrent dans l'eau, en éclaboussant leurs mères qui continuaient leur conversation tout en faisant quelques brasses.

— Doucement les filles, surtout que Marie vient de mettre les brassards à Lola qui vous attend depuis un bon moment.

Encore quelques jeux dans l'eau à travers les bouées qui occupaient maintenant une grande partie du bassin : la licorne, le donut ou autre matelas fluo, encore quelques sauts, bombes ou plongeons et tout ce petit monde se retrouva sur les transats pour sécher ou prendre quelques couleurs.

Emma avait pris sa tablette pour montrer quelques photos à Margot et elles s'installèrent sur un matelas, à l'ombre d'un parasol.

— Tu veux voir ma famille, enfin l'autre ? Tu sais, on était au mariage de mon cousin.

— Oui tu m'as dit ! Mais il a quel âge ?

— 26 ans, m'a dit maman. En fait, ils sont vieux mes cousins et je ne les connais pas. Mais le mariage, c'était vraiment comme dans les films ! J'ai pris des photos et même des vidéos.

Au moment où celle-ci montra Max imitant Baloo, elles éclatèrent de rire si fort, que JB qui les regardait depuis un moment, complices en train de papoter, s'approcha :

— Qu'est-ce qui vous fait rire comme ça ?

— C'est Baloo, papi ! enfin non c'est…

Elle remit la vidéo et JB vit ce grand garçon faire le clown.

— C'est Max, enfin Maximilien, le fils d'Anne-Sophie.

Pour la première fois, Jean-Baptiste découvrit son petit-fils qui n'était pas très petit. Il voyait un homme joyeux où il chercha immédiatement une ressemblance. Avec sa fille Anne-Sophie ? C'était un peu surréaliste.

Renaud suggéra que Max pourrait peut-être le contacter. Et Jean-Baptiste d'en conclure que l'un d'eux avait hérité de sa fantaisie. Pourquoi pas ? Une autre rencontre possible !

Renaud qui s'était rapproché, prit la tablette et fit défiler les photos prises à la volée. Il s'arrêta par moments sur telle ou telle photo, lui présentant tour à tour le marié, Pierre-Henri, qu'il ne connaissait pas non plus et puis Ségolène, au milieu de ses amies. Mais, il ne la connaissait pas et elle aurait pu être n'importe laquelle, il n'aurait pas fait la différence.

Sur une vidéo, il reconnut Simone et Anne-Sophie, enfin il en déduisit que cette femme qui était la mère du marié, était sa fille. Il ne sut pas s'il fût troublé, mais de voir ce pan entier de sa famille lui donna un peu le tournis. Les photos, mais surtout les vidéos leur donnèrent vie et s'invitèrent pour quelques minutes chez lui.

Bien sûr, il ne montra rien et conclut ce moment par une plaisanterie :

— Je vois que la vie de château bat son plein !

Le chant d'anniversaire monta tout doucement pour envahir la terrasse où Hélène et Arlette avaient déposé un magnifique gâteau. Comme il était assez grand, sept grandes bougies entouraient une plus petite au centre pour 71 ans sur un bandeau de pâte d'amande qui déroulait le prénom de Jean-Baptiste.

Tous les petits-enfants l'entourèrent pour les souffler, et comme elles se rallumaient chaque fois, il fallut les retirer rapidement, sous les hourras de toute l'assemblée.

Le rituel des cadeaux enchaîna les festivités.

Dans une grande enveloppe, signée par tous ses enfants, Jean-Baptiste découvrit un cadeau si désiré, une croisière en Norvège. Il fit un clin d'œil à Hélène car bien sûr, il savait qu'elle avait tout organisé. Ils en avaient parlé depuis si longtemps.

Ses petits-enfants n'étaient pas en reste et il eut de beaux dessins et autres accessoires de golf, comme chaque fois. Il était temps qu'il s'y remette !

Yves et Mattéo apportèrent un énorme paquet, très lourd. Les ferronniers d'art, père et fils, avaient marqué le coup en réalisant le premier élément de la marquise qui jadis couvrait la porte d'entrée.

— Merci Yves, c'est formidable, vous avez fait un superbe travail et bravo au fils, sur les traces du père.

— Oui, je pense qu'il a le virus. Il rêve des compagnons du devoir, mais il a encore du temps devant lui et des pièces à fabriquer, alors il vient souvent à l'atelier.

Mattéo, l'aîné des cousins avait semble-t-il trouvé sa voie. Théo, le cadet, lui ne quittait pas la cuisine de sa mère et le gâteau qui trônait au milieu de la table était son œuvre.

À son tour, il fut félicité de ses talents qu'il faisait partager à chaque réunion familiale, pour le plaisir des papilles de tous.

— À ce rythme-là, on va exploser ! Mais continue, plaisanta son grand-père Georges, ça me va !

— Evidemment ! renchérit Arlette, dès qu'on parle dégustation, tu es prêt à te sacrifier !

Léo, le benjamin, que ses frères désignaient comme l'intello de la famille, offrit avec Lucas un superbe livre sur la Norvège. Ils avaient eu des infos !

Jean-Baptiste les remercia tous chaleureusement et fut très vite entouré par ses petites-filles. Au moment où il enlaçait Emma et Margot en leur reprochant de l'abandonner pour les vacances, une petite voix s'éleva :

— Et moi, papi, je reste là !

— Lola, ma petite-fille chérie, bien sûr que tu es là. Et il la prit dans ses bras dans un grand câlin partagé.

Lola tenait sa place et pour Jean-Baptiste, elle était aussi sa petite-fille. On dit de cœur, quand il n'y a pas de lien du sang, mais qu'importe, le plus important est de partager de tels moments.

— Allez, tout le monde regarde pour la photo !

Marc avait saisi l'occasion qu'ils soient tous autour de Jean-Baptiste, pour fixer ce moment.

Une belle et grande famille, recomposée, mais surtout composée de ceux qui sont heureux d'être ensemble.

Evidemment, cette photo aura la place d'honneur sur l'album qu'Hélène composera pour immortaliser cette journée… jusqu'à la prochaine fois, et qui sait, il y aura peut-être de nouveaux cousins ou cousines !

Mais pas demi-cousine « ça n'existe pas !! »

FIN

Imprimé en France
ISBN 979-10-423-0336-5
Dépôt légal : 3e trimestre 2024